Anthologie de la nouvelle
poésie nègre et malgache
de langue française

# Léopold Sédar Senghor

# Anthologie de la nouvelle poésie nègre et malgache de langue française

précédée de
*Orphée noir*
par Jean-Paul Sartre

**QUADRIGE/PUF**

ISBN 2 13 044899 2
ISSN 0291-0489

Dépôt légal — 1ʳᵉ édition : 1948
4ᵉ édition « Quadrige » : 1998, juillet

© Presses Universitaires de France, 1948
Pays d'Outre-Mer
108, boulevard Saint-Germain, 75006 Paris

# AVANT-PROPOS
## par Ch.-André Julien

En 1840, Schœlcher s'élevait, avec fougue, contre le préjugé qui attribuait aux noirs une « incapacité cérébrale » et proclamait « que la prétendue pauvreté intellectuelle des nègres est une erreur créée, entretenue, perpétuée par l'esclavage »[1]. Entre les adversaires de l'abolition, qui considéraient les noirs comme d'imperfectibles bêtes brutes et le démocrate hardi qui faisait crédit au « génie de l'avenir », la postérité trancha. Contre un racisme qui, aujourd'hui encore, se nourrit d'ignorance et de haine, la première édition de l'*Anthologie* de Léopold Sédar Senghor prit la valeur d'un témoignage.

Ce recueil, Léopold Sédar Senghor le constitua non seulement avec goût mais avec amour. Philologue érudit, il a cependant conservé une âme de poète toute neuve. Aucun préjugé d'école n'a influé sur son choix et ce choix est excellent qui n'a été inspiré que par son culte de la beauté et sa foi en l'éminente dignité de la négritude. On ne saurait attendre de cet homme probe et courageux une discipline conformiste. Si certains chants de révolte qu'il retint sont parmi les plus beaux, c'est qu'ils ne sont pas les moins significatifs. Le choix de Senghor a été fait par un esprit libre. Cela est bien ainsi.

Depuis plus de vingt ans que fut composée l'*Anthologie de la nouvelle poésie nègre et malgache de langue française*, le monde noir a subi de profondes transformations. La fin du régime colonial, en libérant l'Afrique francophone et Madagascar, a provoqué une mutation qui ne peut être comparée qu'aux plus importantes révolutions de l'histoire. La nouvelle expérience de la liberté, marquée d'exaltations et d'abattements,

---

1. Schœlcher (Victor), *Esclavage et colonisation*, Introduction d'Aimé Césaire. Textes choisis et annotés par Émile Tersen, Presses Universitaires de France, 1948, in-8° (Coll. « Pays d'Outre-Mer », II, 11), p. 70.

d'espoirs et de rancœurs trouve naturellement son expression dans la poésie. Léopold Sédar Senghor ne l'ignore pas qui travaille depuis des années à la refonte de l'*Anthologie* qui fera largement place aux expressions nouvelles. Que la lourdeur des tâches qu'il assume et le souci de perfection qui l'anime en aient reculé la réalisation, nul ne saurait s'en étonner. Avant qu'aboutisse cette grande œuvre, il nous a paru utile de publier à nouveau un ouvrage que ne cesse de réclamer un large public.

Puisque l'*Anthologie* était un témoignage, il était opportun d'en dégager la portée. Nous savions que Jean-Paul Sartre se refusait à écrire des préfaces et pourtant nous étions sûrs qu'il accepterait de témoigner en faveur des noirs. Non seulement il se plia aux exigences tracassières d'une publication rapide, mais c'est avec ferveur qu'il écrivit une étude profondément originale dont l'ampleur dépassa nos espoirs. Nous écrivions alors qu'*Orphée noir* marquerait une date dans l'analyse de la négritude et que les noirs ne demeureraient pas insensibles à l'effort d'intelligence et de sympathie qu'un blanc de qualité faisait pour les comprendre. Plus encore que nous le prévoyions, l'étude de Sartre fut lue et discutée avec passion, notamment aux Etats-Unis dans la traduction anglaise. *Orphée noir* devint aussitôt un classique et le demeura. Son rayonnement fut tel que ce ne fut sans doute pas un hasard si un film qui voulait exprimer les conditions de vie et les croyances des noirs du Brésil, prit pour titre *Orfeu negro*. Aujourd'hui où sort cette nouvelle édition, nous sommes reconnaissants à Jean-Paul Sartre de nous permettre de maintenir un texte, qui est l'introduction la plus efficace à l'*Anthologie* de Léopold Sédar Senghor.

# *ORPHÉE NOIR*
## par Jean-Paul SARTRE

*Qu'est-ce donc que vous espériez, quand vous ôtiez le bâillon qui fermait ces bouches noires ? Qu'elles allaient entonner vos louanges ? Ces têtes que nos pères avaient courbées jusqu'à terre par la force, pensiez-vous, quand elles se relèveraient, lire l'adoration dans leurs yeux ? Voici des hommes noirs debout qui nous regardent et je vous souhaite de ressentir comme moi le saisissement d'être vus. Car le blanc a joui trois mille ans du privilège de voir sans qu'on le voie ; il était regard pur, la lumière de ses yeux tirait toute chose de l'ombre natale, la blancheur de sa peau c'était un regard encore, de la lumière condensée. L'homme blanc, blanc parce qu'il était homme, blanc comme le jour, blanc comme la vérité, blanc comme la vertu, éclairait la création comme une torche, dévoilait l'essence secrète et blanche des êtres. Aujourd'hui ces hommes noirs nous regardent et notre regard rentre dans nos yeux ; des torches noires, à leur tour, éclairent le monde et nos têtes blanches ne sont plus que de petits lampions balancés par le vent. Un poète noir, sans même se soucier de nous, chuchote à la femme qu'il aime :*

« Femme nue, femme noire
Vêtue de ta couleur qui est vie...

Femme nue, femme obscure,
Fruit mûr à la chair ferme, sombres extases de vin noir. »

*et notre blancheur nous paraît un étrange vernis blême qui empêche notre peau de respirer, un maillot blanc, usé aux coudes et aux genoux, sous lequel, si nous pouvions l'ôter, on trouverait la vraie chair humaine, la chair couleur de vin noir.*

*Nous nous croyions essentiels au monde, les soleils de ses moissons, les lunes de ses marées : nous ne sommes plus que des bêtes de sa faune. Même pas des bêtes :*

« Ces Messieurs de la ville
Ces Messieurs comme il faut
Qui ne savent plus danser le soir au clair de lune
Qui ne savent plus marcher sur la chair de leurs pieds
Qui ne savent plus conter les contes aux veillées ... »

*Jadis Européens de droit divin, nous sentions déjà notre dignité s'effriter sous les regards américains ou soviétiques ; déjà l'Europe n'était plus qu'un accident géographique, la presqu'île que l'Asie pousse jusqu'à l'Atlantique. Au moins espérions-nous retrouver un peu de notre grandeur dans les yeux domestiques des Africains. Mais il n'y a plus d'yeux domestiques : il y a les regards sauvages et libres qui jugent notre terre.*

*Voici un noir errant :*

    « jusqu'au bout de
    l'éternité de leurs boulevards sans fin
    à flics... »

*En voici un autre qui crie à ses frères :*

« Hélas ! hélas ! l'Europe arachnéenne bouge ses doigts
et ses phalanges de navires... »

*Voici :*

    « le silence sournois de cette nuit d'Europe... »

*où*

    « ... il n'est rien que le temps ne déshonore. »

*Un nègre écrit :*

« Montparnasse et Paris, l'Europe et ses tourments sans fin,
Nous hanterons parfois comme des souvenirs ou comme des
malaises... »

et tout à coup, à nos propres yeux, la France paraît exotique. Ce n'est plus qu'un souvenir, un malaise, une brume blanche qui reste au fond d'âmes ensoleillées, un arrière-pays tourmenté où il ne fait pas bon vivre ; elle a dérivé vers le Nord, elle s'ancre près du Kamtchatka : c'est le soleil qui est essentiel, le soleil des tropiques et la mer « pouilleuse d'îles » et les roses d'Imangue et les lis d'Iarive et les volcans de la Martinique. L'Être est noir, l'Être est de feu, nous sommes accidentels et lointains, nous avons à nous justifier de nos mœurs, de nos techniques, de notre pâleur de mal-cuits et de notre végétation vert-de-gris. Par ces regards tranquilles et corrosifs, nous sommes rongés jusqu'aux os :

« Écoutez le monde blanc
horriblement las de son effort immense
ses articulations rebelles craquer sous les étoiles dures,
ses raideurs d'acier bleu transperçant la chair mystique
écoute ses victoires proditoires trompeter ses défaites
écoute aux alibis grandioses son piètre trébuchement
Pitié pour nos vainqueurs omniscients et naïfs. »

Nous voilà finis, nos victoires, le ventre en l'air, laissent voir leurs entrailles, notre défaite secrète. Si nous voulons faire craquer cette finitude qui nous emprisonne, nous ne pouvons plus compter sur les privilèges de notre race, de notre couleur, de nos techniques : nous ne pourrons nous rejoindre à cette totalité d'où ces yeux noirs nous exilent qu'en arrachant nos maillots blancs pour tenter simplement d'être des hommes.

Si pourtant ces poèmes nous donnent de la honte, c'est sans y penser : ils n'ont pas été écrits pour nous ; tous ceux, colons et complices, qui ouvriront ce livre, croiront lire, par-dessus une épaule, des lettres qui ne leur sont pas destinées. C'est aux noirs que ces noirs s'adressent et c'est pour leur parler des noirs ; leur poésie n'est ni satirique ni imprécatoire : c'est une prise de conscience. « Alors, direz-vous, en quoi nous intéresse-t-elle, si ce n'est à titre de document ? Nous ne pouvons y entrer. » Je voudrais montrer par quelle voie on trouve accès dans ce monde de jais et que cette poésie qui paraît d'abord raciale est finalement un chant de tous et pour tous. En un mot, je m'adresse ici aux blancs et je voudrais leur expliquer ce que les noirs savent *déjà : pourquoi c'est nécessairement à travers une expérience poétique que le noir, dans sa situation présente, doit d'abord prendre conscience de lui-même et, inversement, pourquoi la poésie noire de langue française est, de nos jours, la seule grande poésie révolutionnaire.*

*\*
\* \**

*Si le prolétariat blanc use rarement de la langue poétique pour parler de ses souffrances, de ses colères ou de la fierté qu'il a de soi, ce n'est pas un hasard ; et je ne crois pas non plus que les travailleurs soient moins « doués » que nos fils de famille : le « don », cette grâce efficace, perd toute signification quand on prétend décider s'il est plus répandu dans une classe que dans une autre classe. Ce n'est pas non plus que la dureté du travail leur ôte la force de chanter : les esclaves trimaient plus dur encore et nous connaissons des chants d'esclaves. Il faut donc le reconnaître : ce sont les circonstances actuelles de la lutte des classes qui détournent l'ouvrier de s'exprimer poétiquement. Opprimé par la technique, il se veut technicien parce qu'il sait que la technique sera l'instrument de sa libération ; s'il doit pouvoir un jour contrôler la gestion des entreprises, il sait qu'il y parviendra seulement par un savoir professionnel, économique et scientifique. Il a de ce que les poètes ont nommé la Nature une connaissance profonde et pratique, mais qui lui vient plus par les mains que par les yeux : la Nature c'est pour lui la Matière, cette résistance passive, cette adversité sournoise et inerte qu'il laboure de ses outils ; la Matière ne chante pas. Dans le même temps, la phase présente de son combat réclame de lui une action continue et positive : calcul politique, prévisions exactes, discipline, organisation des masses ; le rêve, ici, serait trahison. Rationalisme, matérialisme, positivisme, ces grands thèmes de sa bataille quotidienne sont les moins propices à la création spontanée de mythes poétiques. Le dernier d'entre ces mythes, ce fameux « grand soir » a reculé devant les nécessités de la lutte : il faut courir au plus pressé, gagner cette position, cette autre, faire élever ce salaire, décider cette grève de solidarité, cette protestation contre la guerre d'Indochine : c'est l'efficacité seule qui compte. Et, sans doute, la classe opprimée doit prendre d'abord conscience d'elle-même. Mais cette prise de conscience est exactement le contraire d'une redescente en soi : il s'agit de reconnaître dans et par l'action, la situation objective du prolétariat, qui peut se définir par les circonstances de la production ou de la répartition des biens. Unis et simplifiés par une oppression qui s'exerce sur tous et sur chacun, par une lutte commune, les travailleurs ne connaissent guère les contradictions intérieures qui fécondent l'œuvre d'art et nuisent à la praxis. Se connaître, pour eux, c'est se situer par rapport aux grandes forces qui les entourent, c'est déterminer la place exacte qu'ils occupent dans leur classe et la fonction qu'ils remplissent dans le Parti. Le langage même dont ils usent est exempt de ces légers desserrements d'écrous, de cette impropriété constante et légère, de ce jeu dans les transmissions qui créent le Verbe poétique. Dans leur métier, ils emploient des termes techniques et bien déterminés ; quant au langage des partis révolutionnaires, Parain a montré qu'il est pragmatique : il sert à transmettre des ordres, des mots d'ordre, des informations ; s'il perd sa rigueur, le Parti se défait. Tout cela tend à l'élimination de plus en plus rigoureuse du sujet ; or il faut que la poésie demeure subjective par quelque côté. Il a manqué au prolétariat une poésie qui fût sociale tout en prenant ses sources dans la subjectivité, qui fût sociale dans l'exacte mesure où elle était subjective, qui s'établît sur un échec du langage et qui fût pourtant aussi exaltante, aussi communément comprise que le plus précis des mots d'ordre ou que le « Prolétaires de tous les pays, unissez-vous » qu'on lit aux portes de la Russie soviétique. Faute de quoi la poésie de la révolution future est restée entre les mains de jeunes bourgeois bien intentionnés qui puisaient leur inspiration dans leurs contradictions psychologiques, dans l'antinomie de leur idéal et de leur classe, dans l'incertitude de la vieille langue bourgeoise.*

*Le nègre, comme le travailleur blanc, est victime de la structure capitaliste de notre société ; cette situation lui dévoile son étroite solidarité, par-delà les nuances de peau, avec certaines classes d'Européens opprimés comme lui ; elle l'incite à projeter une société sans privilège où la pigmentation de la peau sera tenue pour un simple accident. Mais, si l'oppression est une, elle se circonstancie selon l'histoire et les conditions géographiques : le noir en est la victime, en tant que noir, à titre d'indigène colonisé ou d'Africain déporté. Et puisqu'on l'opprime dans sa race et à cause d'elle, c'est d'abord de sa race qu'il lui faut prendre* conscience. Ceux qui, durant des siècles, ont vainement tenté, parce qu'il était nègre, de le réduire à l'état de bête, il faut qu'il les oblige à le reconnaître pour un homme. Or il n'est pas ici d'échappatoire, ni de tricherie, ni de « passage de ligne » qu'il puisse envisager : un Juif, blanc parmi les blancs, peut nier qu'il soit juif, se déclarer un homme parmi les hommes. Le nègre ne peut nier qu'il soit nègre ni réclamer pour lui cette abstraite humanité incolore : il est noir. Ainsi est-il acculé à l'authenticité : insulté, asservi, il se redresse, il ramasse le mot de « nègre » qu'on lui a jeté comme une pierre, il se revendique comme noir, en face du blanc, dans la fierté. L'unité finale qui rapprochera tous les opprimés dans le même combat doit être précédée aux colonies par ce que je nommerai le moment de la séparation ou de la négativité : ce racisme antiraciste est le seul chemin qui puisse mener à l'abolition des différences de race. Comment pourrait-il en être autrement ? Les noirs peuvent-ils compter sur l'aide du prolétariat blanc, lointain, distrait par ses propres luttes, avant qu'ils se soient unis et organisés sur leur sol ? Et ne faut-il pas, d'ailleurs, tout un travail d'analyse pour apercevoir l'identité des intérêts profonds sous la différence manifeste des conditions : en dépit de lui-même l'ouvrier blanc profite un peu de la colonisation ; si bas que soit son niveau de vie, sans elle il serait plus bas encore. En tout cas il est moins cyniquement exploité que le journalier de Dakar et de Saint-Louis. Et puis l'équipement technique et l'industrialisation des pays européens permettent de concevoir que des mesures de socialisation y soient immédiatement applicables ; vu du Sénégal ou du Congo, le socialisme apparaît surtout comme un beau rêve : pour que les paysans noirs découvrent qu'il est l'aboutissement nécessaire de leurs revendications immédiates et locales, il faut d'abord qu'ils apprennent à formuler en commun ces revendications, donc qu'ils se pensent comme noirs.

Mais cette prise de conscience diffère en nature de celle que le marxisme tente d'éveiller chez l'ouvrier blanc. La conscience de classe du travailleur européen est axée sur la nature du profit et de la plus-value, sur les conditions actuelles de la propriété des instruments de travail, bref sur les caractères objectifs de la situation du prolétaire. Mais puisque le mépris intéressé que les blancs affichent pour les noirs — et qui n'a pas d'équivalent dans l'attitude des bourgeois vis-à-vis de la classe ouvrière —

vise à toucher ceux-ci au profond du cœur, il faut que les nègres lui opposent une vue plus juste de la subjectivité noire ; aussi la conscience de race est-elle d'abord axée sur l'âme noire ou plutôt, puisque le terme revient souvent dans cette anthologie, sur une certaine qualité commune aux pensées et aux conduites des nègres et que l'on nomme la négritude. Or il n'est, pour constituer des concepts raciaux, que deux manières d'opérer : on fait passer à l'objectivité certains caractères subjectifs, ou bien l'on tente d'intérioriser des conduites objectivement décelables ; ainsi le noir qui revendique sa négritude dans un mouvement révolutionnaire se place d'emblée sur le terrain de la Réflexion, soit qu'il veuille retrouver en lui certains traits objectivement constatés dans les civilisations africaines, soit qu'il espère découvrir l'Essence noire dans le puits de son cœur. Ainsi reparaît la subjectivité, rapport de soi-même avec soi, source de toute poésie dont le travailleur a dû se mutiler. Le noir qui appelle ses frères de couleur à prendre conscience d'eux-mêmes va tenter de leur présenter l'image exemplaire de leur négritude et se retournera sur son âme pour l'y saisir. Il se veut phare et miroir à la fois ; le premier révolutionnaire sera l'annonciateur de l'âme noire, le héraut qui arrachera de soi la négritude pour la tendre au monde, à demi prophète, à demi partisan, bref un poète au sens précis du mot « vates ». Et la poésie noire n'a rien de commun avec les effusions du cœur : elle est fonctionnelle, elle répond à un besoin qui la définit exactement. Feuilletez une anthologie de la poésie blanche d'aujourd'hui : vous trouverez cent sujets divers, selon l'humeur et le souci du poète, selon sa condition et son pays. Dans celle que je vous présente, il n'y a qu'un sujet que tous s'essayent à traiter, avec plus ou moins de bonheur. De Haïti à Cayenne, une seule idée : manifester l'âme noire. La poésie nègre est évangélique, elle annonce la bonne nouvelle : la négritude est retrouvée.

Seulement cette négritude qu'ils veulent pêcher dans leurs profondeurs abyssales ne tombe pas d'elle-même sous le regard de l'âme : dans l'âme rien n'est donné. Le héraut de l'âme noire a passé par les écoles blanches, selon la loi d'airain qui refuse à l'opprimé toutes les armes qu'il n'aura pas volées lui-même à l'oppresseur ; c'est au choc de la culture blanche que sa négritude est passée de l'existence immédiate à l'état réfléchi. Mais du même coup il a plus ou moins cessé de la vivre. En choisis-

sant de voir ce qu'il est, il s'est dédoublé, il ne coïncide plus avec
lui-même. Et réciproquement, c'est parce qu'il était déjà exilé
de lui-même qu'il s'est trouvé ce devoir de manifester. Il commence
donc par l'exil. Un exil double : de l'exil de son cœur l'exil de
son corps offre une image magnifique ; il est pour la plupart
du temps en Europe, dans le froid, au milieu des foules grises ;
il rêve à Port-au-Prince, à Haïti. Mais ce n'est pas assez :
à Port-au-Prince il était déjà en exil ; les négriers ont arraché
ses pères à l'Afrique et les ont dispersés. Et tous les poèmes de
ce livre (sauf ceux qui ont été écrits en Afrique) nous offriront
la même géographie mystique. Un hémisphère ; au plus bas,
selon le premier de trois cercles concentriques, s'étend la terre
de l'exil, l'Europe incolore ; vient le cercle éblouissant des Iles
et de l'enfance qui dansent la ronde autour de l'Afrique ; l'Afrique
dernier cercle, nombril du monde, pôle de toute la poésie noire,
l'Afrique éblouissante, incendiée, huileuse comme une peau de
serpent, l'Afrique de feu et de pluie, torride et touffue, l'Afrique
fantôme vacillant comme une flamme, entre l'être et le néant,
plus vraie que les « éternels boulevards à flics » mais absente,
désintégrant l'Europe par ses rayons noirs et pourtant invisible,
hors d'atteinte, l'Afrique, continent imaginaire. La chance
inouïe de la poésie noire, c'est que les soucis de l'indigène colo-
nisé trouvent des symboles évidents et grandioses qu'il suffit
d'approfondir et de méditer sans cesse : l'exil, l'esclavage,
le couple Afrique-Europe et la grande division manichéiste
du monde en noir et blanc. Cet exil ancestral des corps figure
l'autre exil : l'âme noire est une Afrique dont le nègre est exilé
au milieu des froids buildings, de la culture et de la technique
blanches. La négritude toute présente et dérobée le hante, le
frôle, il se frôle à son aile soyeuse, elle palpite, tout éployée à
travers lui comme sa profonde mémoire et son exigence la
plus haute, comme son enfance ensevelie, trahie, et l'enfance
de sa race et l'appel de la terre, comme le fourmillement des ins-
tincts et l'indivisible simplicité de la Nature, comme le pur
legs de ses ancêtres et comme la Morale qui devrait unifier sa
vie tronquée. Mais qu'il se retourne sur elle pour la regarder
en face, elle s'évanouit en fumée, les murailles de la culture
blanche se dressent entre elle et lui, leur science, leurs mots,
leurs mœurs :

« Rendez-les-moi mes poupées noires que je joue avec elles
les jeux naïfs de mon instinct
rester à l'ombre de ses lois
recouvrer mon courage
mon audace
me sentir moi-même
nouveau moi-même de ce qu'hier j'étais
    hier
            sans complexité
                    hier
quand est venue l'heure du déracinement...
ils ont cambriolé l'espace qui était mien »

*Il faudra bien, pourtant, briser les murailles de la culture-prison, il faudra bien, un jour, retourner en Afrique : ainsi sont indissolublement mêlés chez le vates de la négritude le thème du retour au pays natal et celui de la redescente aux Enfers éclatants de l'âme noire. Il s'agit d'une quête, d'un dépouillement systématique et d'une ascèse qu'accompagne un effort continu d'approfondissement. Et je nommerai « orphique » cette poésie parce que cette inlassable descente du nègre en soi-même me fait songer à Orphée allant réclamer Eurydice à Pluton. Ainsi, par un bonheur poétique exceptionnel, c'est en s'abandonnant aux transes, en se roulant par terre comme un possédé en proie à soi-même, en chantant ses colères, ses regrets ou ses détestations, en exhibant ses plaies, sa vie déchirée entre la « civilisation » et le vieux fond noir, bref en se montrant le plus lyrique, que le poète noir atteint le plus sûrement à la grande poésie collective : en ne parlant que de soi il parle pour tous les nègres ; c'est quand il semble étouffé par les serpents de notre culture qu'il se montre le plus révolutionnaire, car il entreprend alors de ruiner systématiquement l'acquis européen et cette démolition en esprit symbolise la grande prise d'armes future par quoi les noirs détruiront leurs chaînes. Un seul exemple suffit pour éclairer cette dernière remarque.*

*La plupart des minorités ethniques, au XIX$^e$ siècle, en même temps qu'elles luttaient pour leur indépendance, ont passionnément tenté de ressusciter leurs langues nationales. Pour pouvoir se dire Irlandais ou Hongrois, il faut sans doute appartenir à une collectivité qui jouisse d'une large autonomie économique* *et politique, mais pour être Irlandais, il faut aussi penser Irlandais, ce qui veut dire avant tout : penser en Irlandais. Les traits spécifiques d'une Société correspondent exactement aux locutions intraduisibles de son langage. Or ce qui risque de freiner dangereusement l'effort des noirs pour rejeter notre tutelle, c'est que les annonciateurs de la négritude sont contraints de rédiger en français leur évangile. Dispersés par la traite aux quatre coins du monde, les noirs n'ont pas de langue qui leur soit commune ; pour inciter les opprimés à s'unir ils doivent avoir recours aux mots de l'oppresseur. C'est le français qui fournira au chantre noir la plus large audience parmi les noirs, au moins dans les limites de la colonisation française. C'est dans cette langue à chair de poule, pâle et froide comme nos cieux et dont Mallarmé disait qu'« elle est la langue neutre par excellence, puisque le génie d'ici exige une atténuation de toute couleur trop vive et des bariolages », c'est dans cette langue pour eux à demi morte que Damas, Diop, Laleau, Rabéarivelo vont verser le feu de leurs ciels et de leurs cœurs : par elle seule ils peuvent communiquer ; semblables aux savants du XVIe siècle qui ne s'entendaient qu'en latin, les noirs ne se retrouvent que sur le terrain plein de chausse-trapes que le blanc leur a préparé : entre les colonisés, le colon s'est arrangé pour être l'éternel médiateur ; il est là, toujours là, même absent, jusque dans les conciliabules les plus secrets. Et comme les mots sont des idées, quand le nègre déclare en français qu'il rejette la culture française, il prend d'une main ce qu'il repousse de l'autre, il installe en lui, comme une broyeuse, l'appareil-à-penser de l'ennemi. Ce ne serait rien : mais, du même coup, cette syntaxe et ce vocabulaire forgés en d'autre temps, à des milliers de lieues, pour répondre à d'autres besoins et pour désigner d'autres objets sont impropres à lui fournir les moyens de parler de lui, de ses soucis, de ses espoirs. La langue et la pensée françaises sont analytiques. Qu'arriverait-il si le génie noir était avant tout de synthèse ? Le terme assez laid de « négritude » est un des seuls apports noirs à notre dictionnaire. Mais enfin, si cette « négritude » est un concept définissable ou tout au moins descriptible, elle doit subsumer d'autres concepts plus élémentaires et correspondant aux données immédiates de la conscience nègre : où sont les mots qui permettent de les désigner ? Comme on comprend la plainte du poète haïtien :*

« Ce cœur obsédant qui ne correspond
Pas à mon langage, ou à mes costumes,
Et sur lequel mordent, comme un crampon,
Des sentiments d'emprunt et des coutumes
D'Europe, sentez-vous cette souffrance
Et ce désespoir à nul autre égal
D'apprivoiser avec des mots de France
Ce cœur qui m'est venu du Sénégal. »

*Il n'est pas vrai pourtant que le noir s'exprime dans une langue « étrangère », puisqu'on lui enseigne le français dès son plus jeune âge et puisqu'il y est parfaitement à son aise dès qu'il pense en technicien, en savant ou en politique. Il faudrait plutôt parler du décalage léger et constant qui sépare ce qu'il dit de ce qu'il voudrait dire, dès qu'il parle de lui. Il lui semble qu'un Esprit septentrional lui vole ses idées, les infléchit doucement à signifier plus ou moins que ce qu'il voulait, que les mots blancs boivent sa pensée comme le sable boit le sang. Qu'il se ressaisisse brusquement, qu'il se rassemble et prenne du recul, voici que les vocables gisent en face de lui, insolites, à moitié signes et choses à demi. Il ne dira point sa négritude avec des mots précis, efficaces, qui fassent mouche à tous les coups. Il ne dira point sa négritude en prose. Mais chacun sait que ce sentiment d'échec devant le langage considéré comme moyen d'expression directe est à l'origine de toute expérience poétique.*

*La réaction du parleur à l'échec de la prose c'est en effet ce que Bataille nomme l'holocauste des mots. Tant que nous pouvons croire qu'une harmonie préétablie régit les rapports du verbe et de l'Être, nous usons des mots sans les voir, avec une confiance aveugle, ce sont des organes sensoriels, des bouches, des mains, des fenêtres ouvertes sur le monde. Au premier échec, ce bavardage tombe hors de nous ; nous voyons le système entier, ce n'est plus qu'une mécanique détraquée, renversée, dont les grands bras s'agitent encore pour* indiquer *dans le vide ; nous jugeons d'un seul coup la folle entreprise de nommer ; nous comprenons que le langage est prose par essence et la prose, par essence, échec ; l'être se dresse devant nous comme une tour de silence et si nous voulons encore le capter, ce ne peut être que par le silence : « évoquer, dans une ombre exprès, l'objet tu par des* mots allusifs, jamais directs, se réduisant à du silence égal »[1]. Personne n'a mieux dit que la poésie est une tentative incantatoire pour suggérer l'être dans et par la disparition vibratoire du mot : en renchérissant sur son impuissance verbale, en rendant les mots fous, le poète nous fait soupçonner par-delà ce tohu-bohu qui s'annule de lui-même d'énormes densités silencieuses ; puisque nous ne pouvons pas nous taire, il faut faire du silence avec le langage. De Mallarmé aux Surréalistes, le but profond de la poésie française me paraît avoir été cette autodestruction du langage. Le poème est une chambre obscure où les mots se cognent en rondes, fous. Collision dans les airs : ils s'allument réciproquement de leurs incendies et tombent en flammes.

C'est dans cette perspective qu'il faut situer l'effort des « évangélistes noirs ». A la ruse du colon ils répondent par une ruse inverse et semblable : puisque l'oppresseur est présent jusque dans la langue qu'ils parlent, ils parleront cette langue pour la détruire. Le poète européen d'aujourd'hui tente de déshumaniser les mots pour les rendre à la nature ; le héraut noir, lui, va les défranciser ; il les concassera, rompra leurs associations coutumières, les accouplera par la violence

« à petits pas de pluie de chenilles
à petits pas de gorgée de lait
à petits pas de roulements à billes
à petits pas de secousse sismique
les ignames dans le sol marchent à grands pas de trouées
[d'étoiles »[2]

C'est seulement lorsqu'ils ont dégorgé leur blancheur qu'il les adopte, faisant de cette langue en ruine un superlangage solennel et sacré, la Poésie. Par la seule Poésie les noirs de Tananarive et de Cayenne, les noirs de Port-au-Prince et de Saint-Louis peuvent communiquer entre eux sans témoins. Et puisque le Français manque de termes et de concepts pour définir la négritude, puisque la négritude est silence, ils useront pour l'évoquer de « mots allusifs, jamais directs, se réduisant à du silence égal ». Courts-circuits du langage : derrière la chute

---

1. MALLARMÉ, *Magie* (Éd. de la Pléiade, p. 400).
2. CÉSAIRE, *Les armes miraculeuses : tam-tam II*.

*enflammée des mots, nous entrevoyons une grande idole noire
et muette. Ce n'est donc pas seulement le propos que le noir a
de se peindre qui me paraît poétique : c'est aussi sa manière
propre d'utiliser les moyens d'expression dont il dispose. Sa
situation l'y incite : avant même qu'il songe à chanter, la lumière
des mots blancs se réfracte en lui, se polarise et s'altère. Nulle
part cela n'est plus manifeste que dans l'usage qu'il fait des
deux termes couplés « noir-blanc » qui recouvrent à la fois la grande
division cosmique « jour et nuit » et le conflit humain de l'indi-
gène et du colon. Mais c'est un couple hiérarchisé : en le livrant
au nègre, l'instituteur lui livre par surcroît cent habitudes de
langage qui consacrent la priorité du blanc sur le noir. Le nègre
apprendra à dire « blanc comme neige » pour signifier l'inno-
cence, à parler de la noirceur d'un regard, d'une âme, d'un for-
fait. Dès qu'il ouvre la bouche il s'accuse, à moins qu'il ne s'acharne
à renverser la hiérarchie. Et s'il la renverse en français il poé-
tise déjà : imagine-t-on l'étrange saveur qu'auraient pour nous
des locutions comme « la noirceur de l'innocence » ou « les ténè-
bres de la vertu » ? C'est elle que nous goûtons à toutes les pages
de ce livre et, par exemple, quand nous lisons :*

> « Tes seins de satin noir rebondis et luisants...
> ce blanc sourire
> des yeux
> dans l'ombre du visage
> éveillent en moi ce soir
> les rythmes sourds...
> dont s'enivrent là-bas au pays de Guinée
> nos sœurs
> noires et nues
> et font lever en moi
> ce soir
> des crépuscules nègres lourds d'un sensuel émoi
> car
> l'âme du noir pays où dorment les anciens
> vit et parle
> ce soir
> en la force inquiète le long de tes reins creux... »

*Tout le long de ce poème le noir est une couleur ; mieux encore : une lumière ; son rayonnement doux et diffus dissout nos habitudes ; le* noir *pays où dorment les anciens n'est pas un enfer ténébreux : c'est une terre de soleil et de feu. Mais d'autre part, la supériorité du blanc sur le noir ne traduit pas seulement celle que le colon prétend avoir sur l'indigène : plus profondément elle exprime l'universelle adoration du jour et nos terreurs nocturnes qui sont universelles aussi. En ce sens les noirs rétablissent cette hiérarchie qu'ils renversaient tout à l'heure. Ils ne se veulent point poètes de la nuit, c'est-à-dire de la révolte vaine et du désespoir : ils annoncent une aurore, ils saluent*

« l'aube transparente d'un jour nouveau ».

*Du coup le* noir *retrouve, sous leur plume, son sens de présage néfaste :*

« Nègre noir comme la misère »

*s'écrie l'un d'eux et un autre :*

« Délivre-moi de la nuit de mon sang »

*Ainsi le mot de* noir *se trouve contenir à la fois* tout le Mal *et* tout le Bien, *il recouvre une tension presque insoutenable entre deux classifications contradictoires : la hiérarchie solaire et la hiérarchie raciale. Il y gagne une poésie extraordinaire comme ces objets auto-destructifs qui sortent des mains de Duchamp et des Surréalistes ; il y a une noirceur secrète du blanc, une blancheur secrète du noir, un papillotement figé d'être et de non-être qui nulle part, peut-être, ne s'est traduit si heureusement que dans ce poème de Césaire :*

« Ma grande statue blessée une pierre au front ma grande chair inattentive de jour à grains sans pitié ma grande chair de nuit à grain de jour... »

*Le poète ira plus loin encore ; il écrit :*

« Nos faces belles comme le vrai pouvoir opératoire de la négation. »

*Derrière cette éloquence abstraite qui évoque Lautréamont on aperçoit l'effort le plus hardi et le plus fin pour donner un sens* à la peau noire et pour réaliser la synthèse poétique des deux faces de la nuit. Quand David Diop dit du nègre qu'il est « noir comme la misère », il présente le noir comme pure privation de lumière. Mais Césaire développe et approfondit cette image : la nuit n'est plus absence, elle est refus. Le noir n'est pas une couleur, c'est la destruction de cette clarté d'emprunt qui tombe du soleil blanc. Le révolutionnaire nègre est négation parce qu'il se veut pur dénuement : pour construire sa Vérité, il faut d'abord qu'il ruine celle des autres. Les visages noirs, ces souvenirs nocturnes qui hantent nos jours, incarnent le travail obscur de la Négativité qui ronge patiemment les concepts. Ainsi, par un retournement qui rappelle curieusement celui du nègre humilié, insulté quand il se revendique comme « sale nègre », c'est l'aspect privatif des ténèbres qui fonde leur valeur. La liberté est couleur de nuit.

Destructions, autodafé du langage, symbolisme magique, ambivalence des concepts, toute la poésie moderne est là, sous son aspect négatif. Mais il ne s'agit pas d'un jeu gratuit. La situation du noir, sa « déchirure » originelle, l'aliénation qu'une pensée étrangère lui impose sous le nom d'assimilation le mettent dans l'obligation de reconquérir son unité existentielle de nègre ou, si l'on préfère, la pureté originelle de son projet par une ascèse progressive, au-delà de l'univers du discours. La négritude, comme la liberté, est point de départ et terme ultime : il s'agit de la faire passer de l'immédiat au médiat, de la thématiser. Il s'agit donc pour le noir de mourir à la culture blanche pour renaître à l'âme noire, comme le philosophe platonicien meurt à son corps pour renaître à la vérité. Ce retour dialectique et mystique aux origines implique nécessairement une méthode. Mais cette méthode ne se présente pas comme un faisceau de règles pour la direction de l'esprit. Elle ne fait qu'un avec celui qui l'applique ; c'est la loi dialectique des transformations successives qui conduiront le nègre à la coïncidence avec soi-même dans la négritude. Il ne s'agit pas pour lui de connaître, ni de s'arracher à lui-même dans l'extase mais de découvrir, à la fois, et de devenir ce qu'il est.

A cette simplicité originelle d'existence il est deux voies d'accès convergentes : l'une objective, l'autre subjective. Les poètes de notre anthologie emploient tantôt l'une, tantôt l'autre, parfois toutes deux ensemble. Il existe, en effet, une négritude objective qui s'exprime par les mœurs, les arts, les chants et les danses des populations africaines. Le poète se prescrira pour exercice spirituel de se laisser fasciner par les rythmes primitifs, de couler sa pensée dans les formes traditionnelles de la poésie noire. Beaucoup des poèmes ici réunis se nomment des tam-tams, parce qu'ils empruntent aux tambourinaires nocturnes un rythme de percussion tantôt sec et régulier, tantôt torrentueux et bondissant. L'acte poétique est alors une danse de l'âme ; le poète tourne comme un derviche jusqu'à l'évanouissement, il a installé en lui le temps de ses ancêtres, il le sent s'écouler avec ses saccades singulières ; c'est dans cet écoulement rythmique qu'il espère se retrouver ; je dirai qu'il tente de se faire posséder par la négritude de son peuple ; il espère que les échos de son tam-tam viendront réveiller les instincts immémoriaux qui dorment en lui. On aura l'impression en feuilletant ce recueil que le tam-tam tend à devenir un genre de la poésie noire, comme le sonnet ou l'ode le furent de la nôtre. D'autres s'inspireront, comme Rabemananjara, des proclamations royales, d'autres puiseront à la source populaire des hain-tenys. Le centre calme de ce maelstrom de rythmes, de chants, de cris, c'est la poésie de Birago Diop, dans sa majesté naïve : elle seule est en repos parce qu'elle sort directement des récits de griots et de la tradition orale. Presque toutes les autres tentatives ont quelque chose de crispé, de tendu et de désespéré parce qu'elles visent à rejoindre la poésie folklorique plus qu'elles n'en émanent. Mais si éloigné qu'il soit « du noir pays où dorment les ancêtres », le noir est plus proche que nous de la grande époque où, comme dit Mallarmé, « la parole crée les Dieux ». Il est à peu près impossible à nos poètes de renouer avec les traditions populaires : dix siècles de poésie savante les en séparent et d'ailleurs l'inspiration folklorique s'est tarie : tout au plus pourrions-nous en imiter du dehors la simplicité. Les noirs d'Afrique, au contraire, sont encore dans la grande période de fécondité mythique et les poètes noirs de langue française ne s'amusent pas de ces mythes comme nous faisons de nos chansons : ils se laissent envoûter par eux pour qu'au terme de l'incantation la négritude, magnifiquement évoquée, surgisse. C'est pourquoi je nomme magie ou charme cette méthode de « poésie objective ».

 Césaire a choisi, au contraire, de rentrer chez soi à reculons. Puisque cette Eurydice se dissipera en fumée si l'Orphée noir *se retourne sur elle, il descendra le chemin royal de son âme le dos tourné au fond de la grotte, il descendra au-dessous des mots et des significations — « pour penser à toi j'ai déposé tous les mots au mont-de-piété » — au-dessous des conduites quotidiennes et du plan de la « répétition », au-dessous même des premiers récifs de la révolte, le dos tourné, les yeux clos pour toucher enfin de ses pieds nus l'eau noire des songes et du désir et s'y laisser noyer. Alors désir et rêve se lèveront en grondant comme un raz de marée, feront danser les mots comme des épaves et les jetteront pêle-mêle, fracassés, sur la rive.*

« Les mots se dépassent, c'est bien vers un ciel et une terre que le haut et le bas ne permettent pas de distraire, c'en est fait aussi de la vieille géographie... Au contraire, un étagement curieusement respirable s'opère réel mais au niveau. Au Niveau gazeux de l'organisme solide et liquide, blanc et noir, jour et nuit. »

*On reconnaît la vieille méthode surréaliste (car l'écriture automatique, comme le mysticisme, est une méthode : elle suppose un apprentissage, des exercices, une mise en route). Il faut plonger sous la croûte superficielle de la réalité, du sens commun, de la raison raisonnante pour toucher au fond de l'âme et réveiller les puissances immémoriales du désir. Du désir qui fait de l'homme un refus de tout et un amour de tout ; du désir, négation radicale des lois naturelles et du possible, appel au miracle ; du désir qui par sa folle énergie cosmique replonge l'homme au sein bouillonnant de la Nature et l'élève en même temps au-dessus de la Nature par l'affirmation de son Droit à l'insatisfaction. Et d'ailleurs, Césaire n'est pas le premier nègre à s'engager dans cette voie. Avant lui, Étienne Léro avait fondé* Légitime Défense. *« Plus qu'une revue, dit Senghor,* Légitime Défense *fut un mouvement culturel. Partant de l'analyse marxiste de la société des « Isles », il découvrait en l'Antillais le descendant d'esclaves négro-africains maintenus, trois siècles durant, dans l'abêtissante condition du prolétaire. Il affirmait que seul le surréalisme pourrait le délivrer de ses tabous et l'exprimer dans son intégralité. »*

*Mais précisément si l'on rapproche Léro de Césaire, on ne peut manquer d'être frappé de leurs dissemblances et la compa-*

raison peut nous faire mesurer l'abîme qui sépare le surréalisme blanc de son utilisation par un noir révolutionnaire. Léro fut le précurseur, il inventa d'exploiter le surréalisme comme une « arme miraculeuse », et un instrument de recherche, une sorte de radar qu'on envoie cogner dans les profondeurs abyssales. Mais ses poèmes sont des devoirs d'élève, ils demeurent de strictes imitations : ils ne se « dépassent pas », bien au contraire ils se ferment sur eux-mêmes :

> « Les chevelures anciennes
> Collent aux branches le fond des mers vides
> Où ton corps n'est qu'un souvenir
> Où le printemps se fait les ongles
> L'hélice de ton sourire jeté au loin
> Sur les maisons dont nous ne voulons pas... »

« L'hélice de ton sourire », « le printemps qui se fait les ongles » : nous reconnaissons au passage la préciosité et la gratuité de l'image surréaliste, l'éternel procédé qui consiste à jeter un pont entre les deux termes les plus éloignés en espérant sans trop y croire que ce « coup de dés » délivrera un aspect caché de l'être. Ni dans ce poème ni dans les autres je ne vois que Léro revendique la libération du noir : tout au plus réclame-t-il la libération formelle de l'imagination ; dans ce jeu tout abstrait, aucune alliance de mots n'évoque, fût-ce de loin, l'Afrique. Otez ces poèmes de l'anthologie, cachez le nom de leur auteur : je défie quiconque, noir ou blanc, de ne pas les attribuer à un collaborateur européen de La Révolution surréaliste ou du Minotaure. C'est que le propos du surréalisme est de retrouver, par-delà les races et les conditions, par-delà les classes, derrière l'incendie du langage, d'éblouissantes ténèbres silencieuses qui ne s'opposent plus à rien, pas même au jour, parce que le jour et la nuit et tous les contraires viennent se fondre et s'abolir en elles ; aussi pourrait-on parler d'une impassibilité, d'une impersonnalité du poème surréaliste comme il y a une impassibilité et une impersonnalité du Parnasse.

Un poème de Césaire, au contraire, éclate et tourne sur lui-même comme une fusée, des soleils en sortent qui tournent et explosent en nouveaux soleils, c'est un perpétuel dépassement. Il ne s'agit pas de se rejoindre à la calme unité des contraires, mais

de faire bander comme un sexe l'un des contraires du couple
« noir-blanc » dans son opposition à l'autre. La densité de ces
mots, jetés en l'air comme des pierres par un volcan, c'est la
négritude qui se définit contre l'Europe et la colonisation. Ce
que Césaire détruit, ce n'est pas toute culture, c'est la culture
blanche ; ce qu'il met au jour, ce n'est pas le désir de tout, ce
sont les aspirations révolutionnaires du nègre opprimé ; ce qu'il
touche au fond de lui ce n'est pas l'esprit, c'est une certaine
forme d'humanité concrète et déterminée. Du coup on peut parler
ici d'écriture automatique engagée et même dirigée, non qu'il
y ait intervention de la réflexion, mais parce que les mots et les
images traduisent perpétuellement la même obsession torride.
Au fond de lui-même, le surréaliste blanc trouve la détente ;
au fond de lui-même, Césaire trouve l'inflexibilité fixe de la
revendication et du ressentiment. Les mots de Léro s'organisent
mollement, en décompression, par relâchement des liens logiques,
autour de thèmes larges et vagues ; les mots de Césaire sont pressés
les uns contre les autres et cimentés par sa furieuse passion.
Entre les comparaisons les plus hasardeuses, entre les termes
les plus éloignés court un fil secret de haine et d'espoir. Comparez,
par exemple, « l'hélice de ton sourire jeté au loin », qui est un pro-
duit du libre jeu de l'imagination et une invite à la rêverie, avec

« et les mines de radium enfouies dans l'abysse de mes inno-
[cences
sauteront en grains
dans la mangeoire des oiseaux
et le stère d'étoiles
sera le nom commun du bois de chauffage
recueilli aux alluvions des veines chanteuses de nuit »

où les « disjecta membra » du vocabulaire s'organisent pour
laisser deviner un « Art poétique » noir.
Ou qu'on lise :

« Nos faces belles comme le vrai pouvoir opératoire de la
négation. »

*Et lisez encore :*

« Les mers pouilleuses d'îles craquant aux doigts des roses
lance-flamme et mon corps intact de foudroyé. »

*Voici l'apothéose des poux de la misère noire sautant parmi les cheveux de l'eau, « isles » au fil de la lumière, craquant sous les doigts de l'épouilleuse céleste, l'aurore aux doigts de rose, cette aurore de la culture grecque et méditerranéenne, arrachée par un voleur noir aux sacro-saints poèmes homériques, et dont les ongles de princesse en esclavage sont asservis soudain par un Toussaint Louverture à faire éclater les triomphants parasites de la mer nègre, l'aurore qui soudain se rebelle et se métamorphose, verse le feu comme l'arme sauvage des blancs, lance-flamme, arme de savants, arme de bourreaux, foudroie de son feu blanc le grand Titan noir qui se relève intact, éternel, pour monter à l'assaut de l'Europe et du ciel. En Césaire la grande tradition surréaliste s'achève, prend son sens définitif et se détruit : le surréalisme, mouvement poétique européen, est dérobé aux Européens par un Noir qui le tourne contre eux et lui assigne une fonction rigoureusement définie. J'ai marqué ailleurs comment le prolétariat tout entier se fermait à cette poésie destructrice de la Raison : en Europe le surréalisme, rejeté par ceux qui auraient pu lui transfuser leur sang, languit et s'étiole. Mais au moment même où il perd contact avec la Révolution, voici qu'aux Antilles on le greffe sur une autre branche de la Révolution universelle, voici qu'il s'épanouit en une fleur énorme et sombre. L'originalité de Césaire est d'avoir coulé son souci étroit et puissant de nègre, d'opprimé et de militant dans le monde de la poésie la plus destructrice, la plus libre et la plus métaphysique, au moment où Éluard et Aragon échouaient à donner un contenu politique à leurs vers. Et finalement ce qui s'arrache de Césaire comme un cri de douleur, d'amour et de haine, c'est la négritude-objet. Ici encore il poursuit la tradition surréaliste qui veut que le poème objective. Les mots de Césaire ne décrivent pas la négritude, ne la désignent pas, ne la copient pas du dehors comme un peintre fait d'un modèle : ils la font ; ils la composent sous nos yeux : désormais c'est une chose qu'on peut observer, apprendre ; la méthode subjective qu'il a choisie rejoint la méthode objective dont nous avons parlé plus haut : il expulse l'âme noire hors de lui au moment où d'autres tentent de l'intérioriser ; le résultat final est le même dans les deux cas. La Négritude, c'est ce tam-tam lointain dans les rues nocturnes de Dakar, ce sont les cris vaudous sortis d'un soupirail haïtien et qui glissent au ras de la chaussée, c'est ce masque congolais mais c'est aussi ce* poème de Césaire, baveux, sanglant, plein de glaires, qui se tord dans la poussière comme un ver coupé. Ce double spasme d'absorption et d'excrétion bat le rythme du cœur noir à toutes les pages de ce recueil.

Et qu'est-ce donc à présent que cette négritude, unique souci de ces poètes, unique sujet de ce livre ? Il faut d'abord répondre qu'un blanc ne saurait en parler convenablement, puisqu'il n'en a pas l'expérience intérieure et puisque les langues européennes manquent des mots qui permettraient de la décrire. Je devrais donc laisser le lecteur la rencontrer au fil de ces pages et s'en faire l'idée qu'il jugera bon. Mais cette introduction serait incomplète si, après avoir indiqué que la quête du Graal noir figurait dans son intention originelle et dans ses méthodes *la plus authentique synthèse des aspirations révolutionnaires et du souci poétique*, je ne montrais que cette notion complexe est, en son cœur, Poésie pure. Je me bornerai donc à examiner ces poèmes objectivement comme un faisceau de témoignages, et à recenser quelques-uns de leurs thèmes principaux. « Ce qui fait, dit Senghor, *la négritude d'un poème, c'est moins le thème que le style, la chaleur émotionnelle qui donne vie aux mots, qui transmue la parole en verbe.* » On ne saurait mieux nous prévenir que *la négritude n'est pas un état, ni un ensemble défini de vices et de vertus, de qualités intellectuelles et morales, mais une certaine attitude affective à l'égard du monde*. La psychologie a renoncé depuis le début de ce siècle à ses grandes distinctions scolastiques. Nous ne croyons plus que les faits de l'âme se divisent en volitions ou actions, en connaissances ou perceptions et en sentiments ou passivités aveugles. Nous savons qu'un sentiment est une manière définie de vivre notre rapport au monde qui nous entoure et qu'il enveloppe une certaine compréhension de cet univers. C'est une tension de l'âme, un choix de soi-même et d'autrui, une façon de dépasser les données brutes de l'expérience, *bref un projet tout comme l'acte volontaire. La négritude, pour employer le langage hiedeggerien, c'est l'être-dans-le-monde du Nègre.*

Voici d'ailleurs ce que nous en dit Césaire :

« Ma négritude n'est pas une pierre, sa surdité ruée contre la
  clameur du jour
Ma négritude n'est pas une taie d'eau morte sur
l'œil mort de la terre

ma négritude n'est ni une tour ni une cathédrale
elle plonge dans la chair rouge du sol
elle plonge dans la chair ardente du ciel
elle troue l'accablement opaque de sa droite patience. »

*La négritude est dépeinte en ces beaux vers comme un acte beaucoup plus que comme une disposition. Mais cet acte est une détermination intérieure : il ne s'agit pas de prendre dans ses mains et de transformer les biens de ce monde, il s'agit d'exister au milieu du monde. La relation avec l'univers reste une appropriation. Mais cette appropriation n'est pas technique. Pour le blanc, posséder c'est transformer. Certes, l'ouvrier blanc travaille avec des instruments qu'il ne possède pas. Mais du moins ses techniques sont à lui : s'il est vrai que les inventions majeures de l'industrie européenne sont dues à un personnel qui se recrute surtout dans les classes moyennes, du moins le métier du charpentier, du menuisier, du tourneur leur apparaît-il encore comme un véritable patrimoine, quoique l'orientation de la grande production capitaliste tende à les dépouiller aussi de leur « joie au travail ». Mais l'ouvrier noir, ce n'est pas assez de dire qu'il travaille avec des instruments qu'on lui prête ; on lui prête aussi les techniques.*

*Césaire appelle ses frères noirs :*

« Ceux qui n'ont inventé ni la poudre ni la boussole
ceux qui n'ont jamais su dompter ni la vapeur ni l'électricité
ceux qui n'ont exploré ni les mers ni le ciel... »

*Mais cette revendication hautaine de la non-technicité renverse la situation : ce qui pouvait passer pour un manque devient source positive de richesse. Le rapport technique avec la Nature la dévoile comme quantité pure, inertie, extériorité : elle meurt. Par son refus hautain d'être homo faber, le nègre lui rend la vie. Comme si, dans le couple « homme-nature », la passivité d'un des termes entraînait nécessairement l'activité de l'autre. A vrai dire, la négritude n'est pas une passivité, puisqu'elle « troue la chair du ciel et de la terre » : c'est une « patience », et la patience apparaît comme une imitation active de la passivité. L'action du nègre est d'abord action sur soi. Le noir se dresse et s'immobilise comme un charmeur d'oiseaux et les choses viennent se percher sur les branches de cet arbre faux. Il s'agit bien d'une*

captation du monde, mais magique, par le silence et le repos :
en agissant d'abord sur la Nature, le blanc se perd en la perdant ;
en agissant d'abord sur soi, le nègre prétend gagner la Nature
en se gagnant.

« Ils s'abandonnent, saisis, à l'essence de toute chose
~~ignorants des surfaces~~ mais saisis par le mouvement de toute
chose
insoucieux de compter, mais jouant le jeu du monde
véritablement les fils aînés du monde
poreux à tous les souffles du monde...
chair de la chair du monde palpitant du mouvement même
[du monde. »

*On ne pourra se défendre, à cette lecture, de songer à la fameuse distinction qu'a établie Bergson entre l'intelligence et l'intuition. Et justement Césaire nous appelle*

« Vainqueurs omniscients et naïfs »

*De l'outil, le blanc sait tout. Mais tout griffe la surface des choses, il ignore la durée, la vie. La négritude, au contraire, est une compréhension par sympathie. Le secret du noir c'est que les sources de son existence et les racines de l'Être sont identiques.*
*Si l'on voulait donner une interprétation sociale de cette métaphysique, nous dirions qu'une poésie d'agriculteurs s'oppose ici à une prose d'ingénieurs. Il n'est pas vrai, en effet, que le noir ne dispose d'aucune technique : le rapport d'un groupe humain, quel qu'il soit, avec le monde extérieur est toujours technique, d'une manière ou d'une autre. Et, inversement, je dirai que Césaire est injuste : l'avion de Saint-Exupéry qui plisse la terre comme un tapis au-dessous de lui est un organe de dévoilement. Seulement le noir est d'abord un paysan ; la technique agricole est « droite patience » ; elle fait confiance à la vie ; elle attend. Planter, c'est enceinter la terre ; ensuite il faut rester immobile, épier : « chaque atome de silence est la chance d'un fruit mûr », chaque instant apporte cent fois plus que l'homme n'avait donné, au lieu que l'ouvrier ne retrouve dans le produit manufacturé que ce qu'il y avait mis ; l'homme croît en même temps que ses blés ; de minute en minute il se dépasse et se dore ; aux aguets devant*

ce ventre fragile qui se gonfle, il n'intervient que pour protéger. Le blé mûr est un microcosme parce qu'il a fallu, pour qu'il lève, le concours du soleil, des pluies et du vent ; un épi, c'est à la fois la chose la plus naturelle et la chance la plus improbable. Les techniques ont contaminé le paysan blanc, mais le noir reste le grand mâle de la terre, le sperme du monde. Son existence, c'est la grande patience végétale ; son travail, c'est la répétition d'année en année du coït sacré. Créant et nourri parce qu'il crée. Labourer, planter, manger, c'est faire l'amour avec la nature. Le panthéisme sexuel de ces poètes est sans doute ce qui frappera d'abord : c'est par là qu'ils rejoignent les danses et les rites phalliques des Négro-Africains.

« Oho ! Congo couchée dans ton lit de forêts, reine sur l'Afrique domptée
Que les phallus des monts portent haut ton pavillon
Car tu es femme par ma tête par ma langue, car tu es femme par mon ventre, »

écrit Senghor. Et :

« or je remonterai le ventre doux des dunes et les cuisses rutilantes du jour... »

et Rabéarivelo :

« le sang de la terre, la sueur de la pierre
et le sperme du vent »

et Laleau :

« Sous le ciel le tambour conique se lamente
Et c'est l'âme même du noir
Spasmes lourds d'homme en rut, gluants sanglots d'amante
Outrageant le calme du soir. »

*Nous voici loin de l'intuition chaste et asexuée de Bergson. Il ne s'agit plus d'être en sympathie avec la vie mais en amour avec toutes ses formes. Pour le technicien blanc, Dieu est d'abord ingénieur. Jupiter ordonne le chaos et lui prescrit des lois ; le Dieu chrétien conçoit le monde par son entendement et le réalise par sa volonté : le rapport de la créature au créateur n'est*

*jamais charnel, sauf pour quelques mystiques que l'Église tient
en grande suspicion. Encore l'érotisme mystique n'a-t-il rien
de commun avec la fécondité : c'est l'attente toute passive d'une
pénétration stérile. Nous sommes pétris du limon : des statuettes
sorties des mains du divin sculpteur. Si les objets manufacturés
qui nous entourent pouvaient rendre un culte à leurs créateurs,
ils nous adoreraient sans aucun doute comme nous adorons le
Tout-Puissant. Pour nos poètes noirs, au contraire, l'être sort
du Néant comme une verge qui se dresse ; la Création est un
énorme et perpétuel accouchement ; le monde est chair et fils de
la chair ; sur la mer et dans le ciel, sur les dunes, sur les pierres,
dans le vent, le Nègre retrouve le velouté de la peau humaine ;
il se caresse au ventre du sable, aux cuisses du ciel : il est « chair
de la chair du monde » ; il est « poreux à tous ses souffles », à tous
ses pollens ; il est tour à tour la femelle de la Nature et son mâle ;
et quand il fait l'amour avec une femme de sa race, l'acte sexuel
lui semble la célébration du Mystère de l'être. Cette religion
spermatique est comme une tension de l'âme équilibrant deux
tendances complémentaires : le sentiment dynamique d'être un
phallus qui s'érige et celui plus sourd, plus patient, plus féminin
d'être une plante qui croît. Ainsi la négritude, en sa source la
plus profonde, est une androgynie.*

« Te voilà
debout et nu
limon tu es et t'en souviens
mais tu es en réalité l'enfant de cette ombre parturiante
qui se repaît de lactogène lunaire
puis tu prends lentement la forme d'un fût
sur ce mur bas que franchissent les songes des fleurs
et le parfum de l'été en relâche.
Sentir, croire que des racines te poussent aux pieds
et courent et se tordent comme des serpents assoiffés
vers quelque source souterraine... »

*(Rabéarivelo.)*

*Et Césaire :*

« Mère très usée, mère sans feuille, tu es un flamboyant
et ne portes plus que des gousses. Tu es un calebassier
et tu n'es qu'un peuplement de couis... »

*Cette unité profonde des symboles végétaux et des symboles sexuels est certainement la plus grande originalité de la poésie noire, surtout à une époque où, comme l'a montré Michel Carrouges, la plupart des images des poètes blancs tendent à la minéralisation de l'humain. Césaire, au contraire, végétalise, animalise la mer, le ciel et les pierres. Plus exactement, sa poésie est un accouplement perpétuel de femmes et d'hommes métamorphosés en animaux, en végétaux, en pierres, avec des pierres, des plantes et des bêtes métamorphosées en hommes. Ainsi le Noir témoigne de l'Éros naturel ; il le manifeste et l'incarne ; si l'on souhaitait trouver un terme de comparaison dans la poésie européenne, il faudrait remonter jusqu'à Lucrèce, poète paysan qui célébrait Vénus, la déesse mère, au temps où Rome n'était pas encore beaucoup plus qu'un grand marché agricole. De nos jours, je ne vois guère que Lawrence pour avoir eu un sentiment cosmique de la sexualité. Encore ce sentiment demeure-t-il chez lui très littéraire.*

*Mais, bien que la négritude paraisse, en son fond, ce jaillissement immobile, unité de l'érection phallique et de la croissance végétale, on ne saurait l'épuiser avec ce seul thème poétique. Il est un autre motif qui court comme une grosse artère à travers ce recueil :*

« Ceux qui n'ont inventé ni la poudre ni la boussole...
ils savent en ses moindres recoins le pays de souffrance... »

*A l'absurde agitation utilitaire du blanc, le noir oppose l'authenticité recueillie de sa souffrance ; parce qu'elle a eu l'horrible privilège de toucher le fond du malheur, la race noire est une race élue. Et bien que ces poèmes soient de bout en bout antichrétiens, on pourrait, de ce point de vue, nommer la négritude une Passion : le noir conscient de soi se représente à ses propres yeux comme l'homme qui a pris sur soi toute la douleur humaine et qui souffre pour tous, même pour le blanc.*

« La trompette d'Armstrong sera au jour du jugement l'interprète des douleurs de l'homme. »

*(Paul Niger.)*

*Notons tout de suite qu'il ne s'agit aucunement d'une douleur de résignation. Je parlais tout à l'heure de Bergson et de Lucrèce, je serais tenté à présent de citer ce grand adversaire du christianisme : Nietzsche et son « dionysisme ». Comme le poète dionysiaque, le Nègre cherche à pénétrer sous les phantasmes brillants du jour et rencontre, à mille pieds sous la surface apollinienne, la souffrance inexpiable qui est l'essence universelle de l'homme. Si l'on voulait systématiser, on dirait que le Noir se fond à la Nature entière en tant qu'il est sympathie sexuelle pour la Vie et qu'il se revendique comme l'Homme en tant qu'il est Passion de douleur révoltée. On sentira l'unité fondamentale de ce double mouvement si l'on réfléchit à la relation de plus en plus étroite que les psychiatres établissent entre l'angoisse et le désir sexuel. Il n'y a qu'un seul orgueilleux surgissement qu'on peut aussi bien nommer un désir qui plonge ses racines dans la souffrance ou une souffrance qui s'est fichée comme une épée au travers d'un vaste désir cosmique. Cette « droite patience » qu'évoquait Césaire, elle est, d'un même jaillissement, croissance végétale et patience contre la douleur, elle réside dans les muscles mêmes du nègre ; elle soutient le porteur noir qui remonte le Niger sur mille kilomètres sous un soleil accablant avec une charge de vingt-cinq kilos en équilibre sur sa tête. Mais si, en un certain sens, on peut assimiler la fécondité de la Nature à une prolifération de douleurs, en un autre sens — et cela aussi est dionysiaque — cette fécondité, par son exubérance, dépasse la douleur, la noie dans son abondance créatrice qui est poésie, amour et danse. Peut-être faut-il, pour comprendre cette unité indissoluble de la souffrance, de l'éros et de la joie, avoir vu les Noirs de Harlem danser frénétiquement au rythme de ces « blues » qui sont les airs les plus douloureux du monde. C'est le rythme, en effet, qui cimente ces multiples aspects de l'âme noire, c'est lui qui communique sa légèreté nietzschéenne à ces lourdes intuitions dionysiaques, c'est le rythme — tam-tam, jazz, bondissement de ces poèmes — qui figure la temporalité de l'existence nègre. Et quand un poète noir prophétise à ses frères un avenir meilleur, c'est sous la forme d'un rythme qu'il leur dépeint leur délivrance :*

« Quoi ?
un rythme
une onde dans la nuit à travers les forêts, rien — ou une âme
[nouvelle

un timbre
une intonation
une vigueur
un dilatement
une vibration qui par degrés dans la moelle déflue, révulse
dans sa marche un vieux corps endormi, lui prend la taille
et la vrille
et tourne
et vibre encore dans les mains, dans les reins, le sexe, les
cuisses et le vagin... »

*Mais il faut aller plus loin encore : cette expérience fonda-*
*mentale de la souffrance est ambiguë ; c'est par elle que la cons-*
*cience noire va devenir historique. Quelle que soit, en effet, l'in-*
*tolérable iniquité de sa condition présente, ce n'est pas à elle que*
*le nègre se réfère d'abord quand il proclame qu'il a touché le*
*fond de la douleur humaine. Il a l'horrible bénéfice d'avoir connu*
*la servitude. Chez ces poètes, dont la plupart sont nés entre 1900*
*et 1918, l'esclavage, aboli un demi-siècle plus tôt, reste le plus*
*vivant des souvenirs :*

« Mes aujourd'hui ont chacun sur mon jadis
de gros yeux qui roulent de rancœur de
honte
Va encore mon hébétude de jadis
de
coups de corde noueux de corps calcinés
de l'orteil au dos calciné
de chair morte de tisons de fer rouge de bras
brisés sous le fouet qui se déchaîne... »

*écrit Damas, poète de Guyane. Et Brierre, le Haïtien :*

« ... Souvent comme moi tu sens des courbatures
Se réveiller après les siècles meurtriers
Et saigner dans ta chair les anciennes blessures... »

*C'est pendant les siècles de l'esclavage que le noir a bu la coupe*
*d'amertume jusqu'à la lie ; et l'esclavage est un fait passé que*
*nos auteurs ni leurs pères n'ont connu directement. Mais c'est*
*aussi un énorme cauchemar dont même les plus jeunes d'entre*

eux ne savent pas s'ils sont bien réveillés. D'un bout à l'autre de la terre, les noirs, séparés par les langues, la politique et l'histoire de leurs colonisateurs, ont en commun une mémoire collective. On ne s'en étonnera pas, pour peu qu'on se rappelle que les paysans français, en 1789, connaissaient encore des terreurs paniques dont l'origine remontait à la guerre de Cent ans. Ainsi lorsque le noir se retourne sur son expérience fondamentale, celle-ci se révèle tout à coup à deux dimensions : elle est à la fois la saisie intuitive de la condition humaine et à la fois la mémoire encore fraîche d'un passé historique. Je songe ici à Pascal qui, inlassablement, a répété que l'homme était un composé irrationnel de métaphysique et d'histoire, inexplicable dans sa grandeur s'il sort du limon, dans sa misère s'il est encore tel que Dieu l'a fait, et qu'il fallait recourir pour le comprendre au fait irréductible de la chute. C'est dans le même sens que Césaire appelle sa race la « race tombée ». Et en un certain sens je vois assez le rapprochement qu'on peut faire d'une conscience noire et d'une conscience chrétienne : la loi d'airain de l'esclavage évoque celle de l'Ancien Testament, qui relate les conséquences de la Faute. L'abolition de l'esclavage rappelle cet autre fait historique : la Rédemption. Le paternalisme doucereux de l'homme blanc après 1848, celui du Dieu blanc après la Passion se ressemblent. Seulement la faute inexpiable que le noir découvre au fond de sa mémoire, ce n'est pas la sienne propre, c'est celle du blanc ; le premier fait de l'histoire nègre, c'est bien un péché originel : mais le noir en est l'innocente victime. C'est pourquoi sa conception de la souffrance s'oppose radicalement au dolorisme blanc. Si ces poèmes sont, pour la plupart, si violemment antichrétiens, c'est que la religion des blancs apparaît aux yeux du nègre, plus clairement encore qu'à ceux du prolétariat européen, comme une mystification : elle veut lui faire partager la responsabilité d'un crime dont il est la victime ; les rapts, les massacres, les viols et les tortures qui ont ensanglanté l'Afrique, elle veut le persuader d'y voir un châtiment légitime, des épreuves méritées. Direz-vous qu'elle proclame, en retour, l'égalité de tous les hommes devant Dieu ? Devant Dieu, oui. Je lisais hier encore dans Esprit ces lignes d'un correspondant de Madagascar :

« Je suis aussi persuadé que vous que l'âme d'un Malgache vaut l'âme d'un blanc... Exactement comme l'âme d'un enfant devant Dieu vaut l'âme de son père. Seulement, Monsieur le

Directeur, vous ne laissez pas conduire votre automobile, si vous en avez une, par vos enfants. »

On ne peut concilier plus élégamment christianisme et colonialisme. Contre les sophismes, le noir, par le simple approfondissement de sa mémoire d'ancien esclave, affirme que la douleur est le lot des hommes et qu'elle n'en est pas moins imméritée. Il rejette avec horreur le marasme chrétien, la volupté morose, l'humilité masochiste et toutes les invites tendancieuses à la résignation ; il vit le fait absurde de la souffrance dans sa pureté, dans son injustice et dans sa gratuité et il y découvre cette vérité méconnue ou masquée par le christianisme : la souffrance comporte en elle-même son propre refus ; elle est par essence refus de souffrir, elle est la face d'ombre de la négativité, elle s'ouvre sur la révolte et sur la liberté. Du coup il s'historialise dans la mesure où l'intuition de la souffrance lui confère un passé collectif et lui assigne un but dans l'avenir. Tout à l'heure encore il était pur surgissement présent d'instincts immémoriaux, pure manifestation de la fécondité universelle et éternelle. Voici qu'il interpelle ses frères de couleur en un tout autre langage :

> « Nègre colporteur de révolte
> tu connais les chemins du monde
> depuis que tu fus vendu en Guinée... »

Et

> « Cinq siècles vous ont vu les armes à la main
> et vous avez appris aux races exploitantes
> la passion de la liberté. »

Déjà il y a une Geste noire : d'abord l'âge d'or de l'Afrique, puis l'ère de la dispersion et de la captivité, puis l'éveil de la conscience, les temps héroïques et sombres des grandes révoltes, de Toussaint Louverture et des héros noirs, puis le fait de l'abolition de l'esclavage — « inoubliable métamorphose », dit Césaire — puis la lutte pour la libération définitive.

> « Vous attendez le prochain appel
> l'inévitable mobilisation
> car votre guerre à vous n'a connu que des trêves
> car il n'est pas de terre où n'ait coulé ton sang
> de langue où ta couleur n'ait été insultée

> Vous souriez, Black Boy,
> vous chantez,
> vous dansez,
> vous bercez les générations
> qui montent à toutes les heures
> sur les fronts du travail et de la peine
> qui monteront demain à l'assaut des bastilles
> vers les bastions de l'avenir
> pour écrire dans toutes les langues
> aux pages claires de tous les ciels
> la déclaration de tes droits méconnus
> depuis plus de cinq siècles... »

*Étrange et décisif virage : la race s'est transmuée en historicité, le Présent noir explose et se temporalise, la Négritude s'insère avec son Passé et son Avenir dans l'Histoire Universelle, ce n'est plus un état ni même une attitude existentielle, c'est* un Devenir *; l'apport noir dans l'évolution de l'Humanité, ce n'est plus une saveur, un goût, un rythme, une authenticité, un bouquet d'instincts primitifs : c'est une entreprise datée, une patiente construction, un futur. C'est au nom des qualités* ethniques *que le Noir, tout à l'heure, revendiquait sa place au soleil ; à présent, c'est sur sa mission qu'il fonde son droit à la vie et cette mission, tout comme celle du prolétariat, lui vient de sa situation historique : parce qu'il a, plus que tous les autres, souffert de l'exploitation capitaliste, il a acquis, plus que tous les autres, le sens de la révolte et l'amour de la liberté. Et parce qu'il est le plus opprimé, c'est la libération de tous qu'il poursuit nécessairement, lorsqu'il travaille à sa propre délivrance :*

> « Noir messager d'espoir
> tu connais tous les chants du monde
> depuis ceux des chantiers immémoriaux du Nil. »

*Mais pouvons-nous encore, après cela, croire à l'homogénéité intérieure de la Négritude ? Et comment dire ce qu'elle est ? Tantôt c'est une innocence perdue qui n'eut d'existence qu'en un lointain passé, et tantôt un espoir qui ne se réalisera qu'au sein de la Cité future. Tantôt elle se contracte dans un instant de fusion panthéistique avec la Nature et tantôt elle s'étend jus-*

qu'à coïncider avec l'histoire entière de l'Humanité ; tantôt c'est une attitude existentielle et tantôt l'ensemble objectif des traditions négro-africaines. Est-ce qu'on la découvre ? est-ce qu'on la crée ? Après tout, il est des noirs qui « collaborent » ; après tout, Senghor, dans les notices dont il a fait précéder les œuvres de chaque poète, semble distinguer des degrés dans la Négritude. Celui qui s'en fait l'annonciateur auprès de ses frères de couleur les invite-t-il à se faire toujours plus nègres, ou bien, par une sorte de psychanalyse poétique, leur dévoile-t-il ce qu'ils sont ? Est-elle nécessité ou liberté ? S'agit-il, pour le nègre authentique, que ses conduites découlent de son essence comme les conséquences découlent d'un principe, ou bien est-on nègre comme le fidèle d'une religion est croyant, c'est-à-dire dans la crainte et le tremblement, dans l'angoisse, dans le remords perpétuel de n'être jamais assez ce qu'on voudrait être ? *Est-ce une donnée de fait ou une valeur ? L'objet d'une intuition empirique ou d'un concept moral ? Est-ce une conquête de la réflexion ? Ou si la réflexion l'empoisonne ? Si elle n'est jamais authentique que dans l'irréfléchi et dans l'immédiat ?* Est-ce une explication *systématique* de l'âme noire ou un Archétype platonicien qu'on peut indéfiniment approcher sans jamais y atteindre ? Est-ce pour les noirs, comme notre bon sens d'ingénieurs, la chose du monde la mieux partagée ? Ou descend-elle en certains comme une grâce et choisit-elle ses élus ? Sans doute répondra-t-on qu'elle est tout cela à la fois et bien d'autres choses encore. Et j'en demeure d'accord : comme toutes les notions anthropologiques, la Négritude est un chatoiement d'être et de devoir-être ; elle vous fait et vous la faites : serment et passion, à la fois. Mais il y a plus grave : le nègre, nous l'avons dit, se crée un racisme antiraciste. Il ne souhaite nullement dominer le monde : il veut l'abolition des privilèges ethniques d'où qu'ils viennent ; il affirme sa solidarité avec les opprimés de toute couleur. Du coup la notion subjective, existentielle, ethnique de négritude « passe », comme dit Hegel, dans celle — objective, positive, exacte — de prolétariat. « Pour Césaire, dit Senghor, le « Blanc » symbolise le capital, comme le Nègre le travail... A travers les hommes à peau noire de sa race, c'est la lutte du prolétariat mondial qu'il chante. » C'est facile à dire, moins facile à penser. Et, sans doute, ce n'est pas par hasard que les chantres les plus ardents de la Négritude sont en même temps des militants marxistes. Mais cela n'empêche que la *notion de race ne se recoupe pas avec celle de classe : celle-là est concrète et particulière, celle-ci universelle et abstraite; l'une ressortit à ce que Jaspers nomme compréhension et l'autre à l'intellection; la première est le produit d'un syncrétisme psycho-biologique et l'autre est une construction méthodique à partir de l'expérience. En fait, la Négritude apparaît comme le temps faible d'une progression dialectique : l'affirmation théorique et pratique de la suprématie du blanc est la thèse; la position de la Négritude comme valeur antithétique est le moment de la négativité. Mais ce moment négatif n'a pas de suffisance par lui-même et les noirs qui en usent le savent fort bien; ils savent qu'il vise à préparer la synthèse ou réalisation de l'humain dans une société sans races. Ainsi la Négritude est pour se détruire, elle est passage et non aboutissement, moyen et non fin dernière. Dans le moment que les Orphées noirs embrassent le plus étroitement cette Eurydice, ils sentent qu'elle s'évanouit entre leurs bras. C'est un poème de Jacques Roumain, communiste noir, qui fournit sur cette nouvelle ambiguïté le plus émouvant témoignage :*

« Afrique j'ai gardé ta mémoire Afrique
tu es en moi
Comme l'écharde dans la blessure
comme un fétiche tutélaire au centre du village
fais de moi la pierre de ta fronde
de ma bouche les lèvres de ta plaie
de mes genoux les colonnes brisées de ton abaissement
pourtant
je ne veux être que de votre race
ouvriers paysans de tous les pays. »

*Avec quelle tristesse il retient encore un moment ce qu'il a décidé d'abandonner ! Avec quelle fierté d'homme il ira dépouiller pour les autres hommes sa fierté de nègre ! Celui qui dit à la fois que l'Afrique est en lui « comme l'écharde dans la blessure », qu'il ne veut être que de la race universelle des opprimés, celui-là n'a pas quitté l'empire de la conscience malheureuse. Un pas de plus et la Négritude va disparaître tout à fait : ce qui était le bouillonnement ancestral et mystérieux du sang noir, le nègre lui-même en fait un accident géographique, le produit inconsistant du déterminisme universel :*

« Est-ce tout cela climat étendue espace
qui crée le clan la tribu la nation
la peau la race des dieux
notre dissemblance inexorable. »

*Mais cette rationalisation du concept racial le poète n'a pas tout à fait le courage de la reprendre à son compte : on voit qu'il se borne à interroger ; sous sa volonté d'union perce un amer regret. Étrange chemin : humiliés, offensés, les noirs fouillent au plus profond d'eux-mêmes pour retrouver leur plus secret orgueil, et quand ils l'ont enfin rencontré, cet orgueil se conteste lui-même : par une générosité suprême ils l'abandonnent, comme Philoctète abandonnait à Néoptolème son arc et ses flèches. Ainsi le rebelle de Césaire découvre au fond de son cœur le secret de ses révoltes : il est de race royale.*

« — c'est vrai qu'il y a quelque chose en toi qui n'a jamais pu se soumettre, une colère, un désir, une tristesse, une impatience, un mépris enfin, une violence... et voilà tes veines charrient de l'or non de la boue, de l'orgueil non de la servitude. Roi tu as été Roi jadis. »

*Mais il repousse aussitôt cette tentation :*

« Une loi est que je couvre d'une chaîne sans cassure jusqu'au confluent de feu qui me volatilise qui m'épure et m'incendie de mon prisme d'or amalgamé... Je périrai. Mais un. Intact. »

*C'est peut-être cette nudité ultime de l'homme qui a arraché de lui les oripeaux blancs qui masquaient sa cuirasse noire et qui, à présent, défait et rejette cette cuirasse elle-même ; c'est peut-être cette nudité sans couleur qui symbolise le mieux la Négritude : car la Négritude n'est pas un état, elle est pur dépassement d'elle-même, elle est amour. C'est au moment où elle se renonce qu'elle se trouve ; c'est au moment où elle accepte de perdre qu'elle a gagné : à l'homme de couleur et à lui seul il peut être demandé de renoncer à la fierté de sa couleur. Il est celui qui marche sur une crête entre le particularisme passé qu'il vient de gravir et l'universalisme futur qui sera le crépuscule de sa négritude ; celui qui vit jusqu'au bout le particularisme pour y trouver l'aurore de l'universel. Et sans doute le travailleur blanc, lui aussi, prend conscience de sa classe pour la nier puisqu'il veut l'avènement d'une société sans classe : mais, encore une fois, la définition de la classe est objective ; elle résume seulement les conditions de son aliénation ; tandis que le nègre, c'est au fond de son cœur qu'il trouve la race et c'est son cœur qu'il doit arracher. Ainsi la Négritude est dialectique ; elle n'est pas seulement ni surtout l'épanouissement d'instincts ataviques ; elle figure le dépassement d'une situation définie par des consciences libres. Mythe douloureux et plein d'espoir, la Négritude, née du Mal et grosse d'un Bien futur, et vivante comme une femme qui naît pour mourir et qui sent sa propre mort jusque dans les plus riches instants de sa vie ; c'est un repos instable, une fixité explosive, un orgueil qui se renonce, un absolu qui se sait transitoire : car en même temps qu'elle est l'annonciatrice de sa naissance et de son agonie, elle demeure l'attitude existentielle choisie par des hommes libres et vécue* absolument, *jusqu'à la lie. Parce qu'elle est cette tension entre un Passé nostalgique où le noir n'entre plus tout à fait et un avenir où elle cédera la place à des valeurs nouvelles, la Négritude se pare d'une beauté tragique qui ne trouve d'expression que dans la poésie. Parce qu'elle est l'unité vivante et dialectique de tant de contraires, parce qu'elle est un Complexe rebelle à l'analyse, c'est seulement l'unité multiple d'un chant qui la peut manifester et cette beauté fulgurante du Poème, que Breton nomme « explosante-fixe ». Parce que tout essai pour en conceptualiser les différents aspects aboutirait nécessairement à en montrer la relativité, alors qu'elle est vécue dans l'absolu par des consciences royales, et parce que le poème est un absolu, c'est la poésie seule qui permettra de fixer l'aspect inconditionnel de cette attitude. Parce qu'elle est une subjectivité qui s'inscrit dans l'objectif, la Négritude doit prendre corps dans un poème, c'est-à-dire dans une subjectivité-objet ; parce qu'elle est un Archétype et une Valeur, elle trouvera son symbole le plus transparent dans les valeurs esthétiques ; parce qu'elle est un appel et un don, elle ne peut se faire entendre et s'offrir que par le moyen de l'œuvre d'art qui est appel à la liberté du spectateur et générosité absolue. La Négritude c'est le contenu du poème, c'est le poème comme chose du monde, mystérieuse et ouverte, indéchiffrable et suggestive ; c'est le poète lui-même. Il faut aller plus loin encore ; la Négritude, triomphe du Narcissisme et suicide de Narcisse, tension de l'âme au-delà de la culture, des mots et de tous les faits psychiques, nuit lumineuse du non-savoir, choix délibéré de l'impossible et de ce que Bataille nomme le « supplice », acceptation intuitive du monde et refus du monde au nom de la « loi du cœur », double postulation contradictoire, rétraction revendicante, expansion de générosité, est, en son essence, Poésie. Pour une fois au moins, le plus authentique projet révolutionnaire et la poésie la plus pure sortent de la même source.*

*Et si le sacrifice, un jour, est consommé, qu'arrivera-t-il ? Qu'arrivera-t-il si le noir dépouillant sa négritude au profit de la Révolution ne se veut plus considérer que comme un prolétaire ? Qu'arrivera-t-il s'il ne se laisse plus définir que par sa condition objective ? s'il s'oblige, pour lutter contre le capitalisme blanc, à assimiler les techniques blanches ? La source de la Poésie tarira-t-elle ? ou bien le grand fleuve noir colorera-t-il malgré tout la mer dans laquelle il se jette ? Il n'importe : à chaque époque sa poésie ; à chaque époque, les circonstances de l'histoire élisent une nation, une race, une classe pour reprendre le flambeau, en créant des situations qui ne peuvent s'exprimer ou se dépasser que par la Poésie ; et tantôt l'élan poétique coïncide avec l'élan révolutionnaire et tantôt ils divergent. Saluons aujourd'hui la chance historique qui permettra aux noirs de*

« pousser d'une telle raideur le grand cri nègre que les assises du monde en seront ébranlées »[1].

1. Césaire, *Les armes miraculeuses*, p. 156.

# INTRODUCTION

par Léopold Sédar Senghor

L'anthologie que nous offrons aujourd'hui au public fait partie d'une série d'ouvrages publiés, à l'occasion du centenaire de la Révolution de 1848, dans la collection que dirige le Professeur Ch.-André Julien.

Le dessein du Professeur Julien est de montrer aux Français combien cette révolution a fait œuvre féconde plus qu'on ne le croit généralement. Parce qu'elle a eu, plus que les autres sans doute, souci de l'homme. Qu'il nous soit permis de rappeler seulement le décret du 27 avril 1848, qui abolissait définitivement l'esclavage, et cet autre décret, en date du même jour, qui instituait l'instruction gratuite et obligatoire dans les Colonies. C'est ainsi que les hommes de couleur, singulièrement les Nègres, ont pu accéder non seulement à la liberté du citoyen, mais encore et surtout à cette vie personnelle que seule donne la culture ; c'est ainsi qu'ils ont pu, malgré la régression que constituèrent le Second Empire et la Troisième République, apporter leur contribution à l'humanisme français d'aujourd'hui, qui se fait véritablement universel parce que fécondé par les sucs de toutes les races de la terre.

Certes, la contribution des Nègres en poésie est encore modeste. La raison doit en être cherchée d'ailleurs dans cette régression dont je viens de parler. Telle qu'elle se présente, avec des écrivains comme Césaire, Damas, Roumain, Rabéarivelo, Birago Diop, elle permet de grands espoirs.

Le Professeur Julien m'avait d'abord suggéré de ne choisir que quatre ou cinq jeunes poètes, dont je donnerais de très larges extraits. On devine mon embarras devant un choix qui eût été hasardeux, comme le prouvera au lecteur, je l'espère du moins, notre anthologie.

Mon choix se limite cependant à trois ou quatre poètes par territoire ou groupe de territoires. Je ne me défends pas d'avoir été partial. Mon excuse est que j'ai suivi les conseils du directeur de cette collection, qui voulait que je ne retinsse que les noms de quelques-uns parmi ceux qui affirmaient, avec leur talent, leur négritude. C'est lui également qui a voulu que des poèmes de l'auteur figurassent dans cette anthologie. On ne sera donc pas surpris de n'y pas trouver d'extraits de grands écrivains comme René Maran, qui fut un précurseur plus par ses romans et contes que par ses poèmes. Au reste, mes regrets se font moins vifs à la pensée que Damas, dans « Latitudes françaises », a donné un panorama à peu près complet des poètes ultramarins d'expression française.

Une dernière remarque. Je n'ai pas cru bon d'écarter Madagascar. Rakoto Ratsimamanga, dans sa thèse complémentaire sur « l'origine des Malgaches », nous prouve que le fond de son peuple est mélanésien, et le plus célèbre des poètes de la Grande Ile, Rabéarivelo, qui est *hova*, se présente à nous comme un « mélanien ». D'ailleurs Jacques Rabémananjara n'est pas de race *hova*, mais *betsimisaraka*.

Et maintenant, chantent les Nègres !

# GUYANE

# Léon-G. DAMAS

## né à Cayenne le 28 mars 1912

Léon-G. Damas est né à Cayenne. Après avoir fait de bonnes études secondaires au lycée Schœlcher de Fort-de-France (Martinique), il vint à Paris. Il y a fait des études de Droit, à bâtons rompus. Il a fait mieux. Il a fréquenté les quartiers et les milieux les plus divers, surtout les nègres de tous les pays du monde, dont Paris est la capitale par excellence, parce que la ville blanche la plus fraternelle : Négro-américains, Sénégalais, Congolais, Malgaches, Papous, des écrivains, des artistes, des étudiants, des ouvriers et des tirailleurs. Étudiant pauvre, il a vécu avec intensité la tragédie intellectuelle et matérielle, la tragédie morale de sa race.

La poésie de Damas est essentiellement non sophistiquée. Elle est faite des mots de tous les jours, nobles ou grossiers, le plus souvent des mots les plus simples et des expressions du peuple, teintées parfois d'une grâce un peu ancienne par l'emploi de certains« créolismes ». Le tout soumis au rythme naturel du tam-tam, car, chez Damas, le rythme l'emporte sur la mélodie.

Poésie non sophistiquée : elle est directe, brute, parfois brutale, mais sans vulgarité. Elle n'est surtout pas sentimentale, encore que souvent chargée d'une émotion qui se cache sous l'humour. Humour nègre, qui n'est pas, comme le trait d'esprit, jeu d'idées ou de mots, affirmation de la primauté de l'intellect, mais réaction vitale en face d'un déséquilibre inhumain.

BIBLIOGRAPHIE : *Pigments* (G. L. M., 1937) — *Graffiti* — *Black Label*.

## *Ils sont venus ce soir.*

Ils sont venus ce soir où le
tam
    tam
        roulait de
                rythme en
                      rythme
                          la frénésie
des yeux
la frénésie des mains la frénésie
des pieds de statues
DEPUIS
combien de MOI
sont morts
depuis qu'ils sont venus ce soir où le
tam
    tam
        roulait de
                rythme en
                      rythme
                          la frénésie
des yeux
la frénésie des mains la frénésie
des pieds de statues.

*(Pigments.)*

## *A la mémoire de G. M.*

    Accoudés au désir de la veille insatisfait
d'où venait l'encens sporadiquement têtu
la marée était basse

tout vol de flamants sans importance
et la voix du phare à des milles
plus forte que l'incendie crépusculaire
des palétuviers.

Longtemps tes mains s'époumonneront à rompre
avec tout calcul
avec les heures qui sont en moi
au bout desquelles nous étions
deux citrons pressés.

Contre l'exagération
de la servilité du sable
des amandiers de
l'anse
des moustiques des crapauds-bœufs
des lucioles qui ne comprenaient pas
la démonstration
j'ai donné des années d'efforts
de l'épaisseur verticale
de
toutes les tours eiffels.

*(Pigments.)*

## *Position.*

### *Pour J. D.*

Les jours mêmes ont pris la forme
des masques africains
indifférents à toute profanation
de chaux vive
qu'encense
un piano répétant la rengaine
d'un clair de lune à soupirs
tout format
dans les halliers
gondoles
et cætera.

*(Pigments.)*

## En file indienne.

Et les sabots
des bêtes de somme qui martèlent en Europe
l'aube indécise encore
me rappellent
l'abnégation étrange
des trays matineux repus qui rythment aux Antilles
les hanches des porteuses
en file indienne

Et l'abnégation étrange
des trays matineux repus qui rythment aux Antilles
les hanches des porteuses
en file indienne
me rappelle
les sabots
des bêtes de somme qui martèlent en Europe
l'aube indécise encore.

*(Pigments.)*

## Limbe.

**Pour R. R.**

Rendez-les-moi mes poupées noires
qu'elles dissipent
l'image des catins blêmes marchandes d'amour
qui s'en vont viennent
sur le boulevard de mon ennui

Rendez-les-moi mes poupées noires
qu'elles dissipent
l'image sempiternelle
l'image hallucinante

## LÉON-G. DAMAS

des fantoches empilés fessus
dont le vent porte au nez la misère
miséricorde

Donnez-moi l'illusion que je n'aurai plus à contenter
le besoin étale
des miséricordes ronflant
sous l'inconscient dédain
du monde

Rendez-les-moi mes poupées noires que je joue avec elles
les jeux naïfs de mon instinct
rester à l'ombre de ses lois
recouvrer mon courage
mon audace
me sentir moi-même
nouveau moi-même de ce que hier j'étais
hier
    sans complexité
                  hier
quand est venue l'heure du déracinement

Le sauront-ils jamais cette rancune de mon cœur
à l'œil de ma méfiance ouvert trop tard
ils ont cambriolé l'espace qui était mien
la coutume les jours la vie
la chanson le rythme l'effort
le sentier l'eau la case
la terre enfumée grise
la sagesse les mots les palabres
les vieux
la cadence les mains la mesure les mains
les piétinements le sol

Rendez-les-moi mes poupées noires
mes poupées noires
poupées noires
noires.

*(Pigments.)*

## Rappel.

**Pour R. D.**

Il est des choses dont j'ai pu n'avoir perdu
tout souvenir
et brimades en bambou
pour toute mangue tombée
durant l'indigestion de tout morceau d'histoire de France

et flûte

flûte de roseau
jouant sur les mornes des airs d'esclaves...
pendant qu'aux savanes des bœufs sagement ruminent
pendant qu'autour des zombies rôdent
pendant qu'ils éjaculent les patrons d'Usine
pendant que le bon nègre allonge sur son grabat dix à quinze
    heures d'Usine.

*(Pigments.)*

## La complainte du nègre.

Ils me l'ont rendue la vie plus lourde et lasse
la liberté m'est une douleur affreuse
mes aujourd'hui ont chacun sur mon jadis
de gros yeux qui roulent de rancœur de
honte

Les jours inexorablement tristes jamais n'ont
cessé d'être à la mémoire de ce que fut
ma vie tronquée
Va encore mon hébétude du temps jadis
de

coups de corde noueux de corps calcinés
de l'orteil au dos calcinés
de chair morte de tisons de fer rouge de bras
brisés sous le fouet qui se déchaîne sous le fouet qui
fait
marcher la plantation s'abreuver de sang
de mon sang de sang la sucrerie
et la bouffarde du commandeur crâner au ciel

*(Pigments.)*

## Solde.

J'ai l'impression d'être ridicule
dans leurs souliers dans leur smoking
dans leur plastron dans leur faux col
dans leur monocle dans leur melon

J'ai l'impression d'être ridicule
avec mes orteils qui ne sont pas faits pour
transpirer du matin jusqu'au soir qui déshabille
avec l'emmaillotage qui m'affaiblit les membres
et enlève à mon corps sa beauté de cache-sexe

J'ai l'impression d'être ridicule
avec mon cou en cheminée d'usine
avec ces maux de tête qui cessent
chaque fois que je salue quelqu'un

J'ai l'impression d'être ridicule
dans leurs salons dans leurs manières
dans leurs courbettes dans leurs formules
dans leur multiple besoin de singeries

J'ai l'impression d'être ridicule
avec tout ce qu'ils racontent
jusqu'à ce qu'ils vous servent l'après-midi un peu d'eau chaude
et des gâteaux enrhumés

J'ai l'impression d'être ridicule
avec les théories qu'ils assaisonnent
au goût de leurs besoins de leurs passions
de leurs instincts ouverts la nuit en forme de paillasson.

J'ai l'impression d'être ridicule
parmi eux complice parmi eux souteneur
parmi eux égorgeur les mains effroyablement rouges
du sang de leur civilisation.

(Pigments.)

## *Pour sûr.*

Pour sûr j'en aurai
marre
sans même attendre qu'elles prennent
les choses l'allure
d'un camembert bien fait

Alors je vous mettrai les pieds dans
le plat
ou bien tout simplement la main au collet
de tout ce qui m'emmerde
en gros caractères
colonisation
civilisation
assimilation et la suite

En attendant vous m'entendrez
souvent
claquer la porte

(Pigments.)

## *Savoir-vivre.*

On ne bâille pas chez moi comme ils bâillent chez eux
avec la main sur la bouche
je veux bâiller sans tralalas
le corps recroquevillé
dans les parfums qui tourmentent la vie
que je me suis faite
de leur museau de chien d'hiver
de leur soleil qui ne pourrait pas même tiédir
l'eau de coco qui faisait glouglou dans mon ventre au réveil

Laissez-moi bâiller la main
là
sur le cœur
à l'obsession de tout ce à quoi j'ai en un jour
donné le dos.

*(Pigments.)*


## *Un clochard m'a demandé dix sous.*

Moi aussi un beau jour j'ai sorti
mes hardes
de clochard

Moi aussi avec des yeux qui tendent
la main
j'ai soutenu la putain de misère

Moi aussi
j'ai eu faim dans ce sacré pays
et j'ai cru pouvoir
demander dix sous
par pitié pour mon ventre creux

Moi aussi jusqu'au bout de
l'éternité de leurs boulevards
à flics
combien de nuits ai-je dû
m'en aller aussi
les yeux creux

Moi aussi j'ai eu faim les yeux creux
et j'ai cru pouvoir
demander dix sous
jusqu'au jour où j'en ai eu
marre
de les voir se gausser
de mes hardes de clochard
et se régaler
de voir un nègre les yeux ventre creux.

*(Pigments.)*

## *Regard.*

Quand sur le tard mes yeux
mes yeux se brideront

Quand sur le tard j'aurai
de faux yeux de chinois

Quand sur le tard
tout m'aura laissé
jusqu'à la théorie
choir

Quand sur le tard
suivra la pente
le bâton qui soutient les vieux corps

m'achèterez-vous dites
des fleurs

que sais-je
pour qu'au bistrot de l'angle
j'aille ranimer l'âtre
d'un grand verre de bordeaux.

*(Pigments.)*

## *Hoquet.*

Et j'ai beau avaler sept gorgées d'eau
trois à quatre fois par vingt-quatre heures
me revient mon enfance dans un hoquet secouant mon
    instinct
tel le flic le voyou
Désastre
parlez-moi du désastre
parlez-m'en

Ma mère voulant d'un fils très bonnes manières à table
    les mains sur la table
    le pain ne se coupe pas
    le pain se rompt
    le pain ne se gaspille pas le pain de Dieu
    le pain de la sueur du front de votre Père
    le pain du pain

    Un os se mange avec mesure et discrétion
    un estomac doit être sociable
    et tout estomac sociable se passe de rots
    une fourchette n'est pas un cure-dents
    défense de se moucher
    au su
    au vu de tout le monde
    et puis tenez-vous droit
    un nez bien élevé ne balaye pas l'assiette
    et puis et puis
    et puis au nom du Père
        du Fils

du Saint-Esprit
à la fin de chaque repas
    et puis et puis
    et puis désastre
parlez-moi du désastre
parlez-m'en

Ma mère voulant d'un fils mémorandum
    si votre leçon d'histoire n'est pas sue
    vous n'irez pas à la messe dimanche avec
    vos effets de dimanche
    cet enfant sera la honte de notre nom
    cet enfant sera notre nom de Dieu
    Taisez-vous
    vous ai-je dit qu'il vous fallait parler français
    le français de France
    le français du français
    le français français

Désastre
parlez-moi du désastre
parlez-m'en

Ma mère voulant d'un fils fils de sa mère
    vous n'avez pas salué voisine
    encore vos chaussures de sales
    et que je vous y reprenne dans la rue
    sur l'herbe ou sur la Savane
    à l'ombre du monument aux morts
    à jouer
    à vous ébattre avec untel
    avec untel qui n'a pas reçu le baptême

Désastre
parlez-moi du désastre
parlez-m'en

Ma mère voulant d'un fils très do
    très ré
    très mi
    très fa

très sol
très si
très do
ré-mi-fa
sol-la-si
    do

Il m'est revenu que vous n'étiez encore pas
à votre leçon de violon
un banjo
vous dites un banjo
comment dites-vous
un banjo vous dites bien un banjo
non monsieur
vous saurez qu'on ne souffre chez nous
ni ban
ni jo
ni gui
ni tare
les mulâtres ne font pas ça
laissez donc ça aux nègres.

*(Pigments.)*

## *Nuit blanche.*

Mes amis j'ai valsé
valsé comme jamais mes ancêtres
les Gaulois
au point que j'ai le sang
qui tourne encore
à la viennoise

Mes amis j'ai valsé
valsé toute mon enfance vagabondant
sur quelques Danube bleu
Danube blanc
Danube rouge

Danube vert
Danube rose
Danube bleu blanc rouge vert rose
au choix

Mes amis j'ai valsé
valsé follement au point que souvent
souvent
j'ai cru tenir la taille
de tonton Gobineau
ou de cousin Hitler
ou du bon aryen
qui mâchonne sa vieillesse sur quelque banc de square.

*(Pigments.)*

## *Black Label.*

### *(Fragment).*

— Tu étais au Bar
et moi
      parmi d'autres
à même la piste enduite
et patinée de steps
de stomps
de slows de swings
de sons
de songs
de blues
Et de la table où un Blanc à lunettes
s'ennuyait à lire un journal son journal
je te regardais boire un Canadian Club

Fasciné peut-être
soudain ton regard
affronta le mien
mais de toi ou de moi qui déjà n'étions
qu'un seul désir insatisfait

je ne sais plus lequel
vint au-devant de l'autre
alors que l'orchestre scandait
E s c l a v o S o y
Je ne sais plus lequel
Et ce fut le vertige


Accrochée à tes pas
accrochée à tes yeux
accrochée à ton âme
je me laissai aller
au rythme de ton drame


Et j'en vins à souhaiter en moi-même
que le chemin à parcourir fût aussi long que le temps mis
à nous voir l'un l'autre
face à face au carrefour


Brisant l'effroi qui nous rendait muets
tu m'avais dit


Je me ris du hasard mais jamais du destin
qui déroule à sa guise le film


Et tout est là ce soir qui rappelle
d'une vie antérieure
l'âpre parfum du jour
où malgré l'interdit
— IL A ÉTÉ PENDU CE MATIN A L'AUBE UN NÈGRE
COUPABLE D'AVOIR VOULU FRANCHIR
LA LIGNE —
l'amour s'était promis à soi-même
d'être à jamais fidèle à son désir


Soudain ce soir surgis
vos mains vos lèvres
vos yeux sont
ceux de la stupeur
ceux du désarroi

ceux de la salive amère avalée
ceux de la larme versée en un coin de ma peine
ceux de ma détresse
ceux de la torture
ceux de ma souffrance
ceux de ma patience
ceux de mon angoisse
ceux de mon attente

Car ce soir soudain surgis
vos mains vos lèvres
vos yeux sont ceux
de mon tout premier rêve
alors qu'enfant mon cœur
ignorait encor
la puissance du mépris
la puissance de la haine

Mais tout est là ce soir qui rappelle
d'une vie antérieure
l'âpre parfum du jour
où malgré l'interdit
— IL A ÉTÉ PENDU CE MATIN A L'AUBE UN NÈGRE
COUPABLE D'AVOIR VOULU FRANCHIR
LA LIGNE —
l'amour s'était promis à soi-même
d'être à jamais fidèle à son désir
Et tout est là ce soir où nos vies
ont cessé d'être parallèles

Accrochée à tes pas
accrochée à tes yeux
accrochée à ton âme
je me laissai aller
au rythme de ton drame

Alors
à la tombée d'un jour ensoleillé d'hiver
je fus t'en souvient-il
sur la grand'place
qui mène au Puits-de-Science

t'en souvient-il

Longtemps après
tu me parlas de toi
de ton enfance un match avec la Mort
de ton refus de dire un mot
ou bien merci
ou bien amen
ou bien assez
aux Anges en cornettes blanches
qui défilaient à ton chevet
promettant à ton âme une place gratuite au Ciel

Tu me parlas de toi
de ta convalescence marquée au coin du doute et de la peur
de tes sens fermés au sens de la réalité ta réalité
de ton infirmité à pleinement jouir intensément jouir
de tous ces riens qui font une âme euphémiquement créole

— Je suis né disais-tu au bout
tout au bout du monde
là-bas
entre
la Montagne Tigre
et le Fort-Cépérou qui regarde la Mer dîner de soleil
de palétuviers et d'algues
à l'heure où la nuit tombe
sans crier gare au crépuscule

Du vieux Dégrad-des-Cannes
témoin de ce qui fut le temps des négriers
Des chutes de Rorota dont l'eau est belle à voir et bonne à
  boire
De Montabo la Plage huppée
De Bourda le fief du vieux-blanc-en-chef de l'heure
De Châton dont le sable gris-deuil voit s'en revenir
non sans mal du Large
violâtres
défigurés
gonflés

pareils à des gros-ventres
les cadavres de ceux qu'attire Châton à Pâques et à Pentecôte
et que Dieu dans sa mansuétude
punit si gentiment en les noyant à Pâques et à Pentecôte
pour n'avoir pas à la Sainte Table
communié en Dieu à Pâques et à Pentecôte
mais pour avoir à Châton fait ripaille
à Pâques et à Pentecôte

De Buzaret dont l'ombre rafraîchit
et les rochers depuis toujours supportant
plus d'une amour ardente et chaude

De l'Anse des Amandiers
que nargue l'Enfant Perdu dans sa détresse de phare

De Catayé où s'en vont crever de vanité les cerfs-volants
   des Amandiers
qui n'en peuvent mais de faire
le joli cœur au Ciel

Du Dégrad nouveau
De la Pointe qui mène à Kourou
où l'Indien eut
un soupçon de revanche
De la Crique encombrée de pirogues
De la Place des Palmistes
à ton cœur pourtant si proches
ne parvenait guère
le souffle même de l'Orénoque
ton Orénoque
Rivé à la médiocrité du sort
petit-bourgeois crépu
ton âme était d'emprunt
ton corps emmailloté
ton cœur un long soupir

Et nul ne voyait la plante s'étioler
pas même Œil-à-Tout-l'Invisible
qu'en longue robe blanche

accoudé au flanc acajou de ton lit
la tête un instant perdue
dans tes mains pieusement jointes
tu priais à genoux
à l'heure où les enfants se couchent et dorment
sans broncher ni mot dire

Et tes nuits qu'agitaient des leçons ânonnées en dodine
s'emplissaient de désirs comprimés

Jeux interrompus la veille à la vue de la clef
par distraction laissée au buffet et au choix
de bonnes choses en réserve
gelée de goyave
liqueur de monbin
mangues Julies jolies jaunies à point
fruits fruits confits
gâteaux secs et lait
lait condensé chipé toujours meilleur au goût
Désirs comprimés

Le beau tour à jouer à Gouloufia
criminellement coupable
d'avoir à lui seul
dévoré à pleines dents
le gâteau que Nanette
la bonne vieille marchande
vous avait en partage
si gentiment offert

Désirs comprimés

Les vacances toujours proches à Rémire
où les cousins parlaient si librement patois
crachaient si aisément par terre
sifflaient si joliment un air
lâchaient si franchement un rot
et autres choses encore
sans crainte d'être
jamais mis au pain sec
ni jetés au cachot

Désirs comprimés

Les cris de joie feinte
d'autres diraient de rage
que tu poussais à perdre haleine
à la toute dernière fessée reçue pour t'être
sous le regard acerbe de ta mère offusquée
et à la gêne polie de tous
farfouillé le nez
d'un doigt preste et chanceux
au goûter-de-Madame-La-Directrice-de-l'École-des-Filles

Désirs comprimés

Le mot sale entendu quelque part et qu'un jour
mine de rien
tu servirais à table
au risque de te voir
ou privé de dessert
ou privé de sortie
ou privé des dix sous du dimanche
à mettre en tirelire

Désirs comprimés
dont s'emplissaient tes nuits qu'agitaient
des leçons ânonnées en dodine

Et n'enlevaient ce fort goût d'amertume
que laisse à la bouche au réveil une nuit d'insomnie
ni la tiédeur du soleil matutinal qui ranimait déjà toutes choses
ni la volubilité des vieilles édentées en madras calendé
martelant la chaussée d'aise au sortir du premier office
où le dieu de la veille
fut à nouveau loué
glorifié prié
et chanté à voix basse

ni l'odeur rose des dahlias du jardin qu'argentait la rosée
ni les cris savoureux de la rue qu'assoiffaient
*la bié nan-nan*

côrôssôl
papaye
coco

Et la maison était triste et basse
où la vie se déroulait mollement
en bordure de la rue étroite et silencieuse
que le bruit de la ville
traversait à peine
. . . . . . . . . . . . . . . . . . . . . . . . . .

# MARTINIQUE

# Gilbert GRATIANT

## né en 1901 à Fort-de-France

Ancien élève du lycée Schœlcher de Fort-de-France où il retourna, ses études supérieures terminées, comme professeur agrégé d'anglais.

Si nous avons fait une place à Gilbert GRATIANT dans cette anthologie, c'est d'abord qu'il fut le père spirituel du premier mouvement littéraire digne de ce nom, qui prit naissance aux Antilles en 1927. C'est lui, en effet, qui le présenta dans « Lucioles », le journal du mouvement.

Bien sûr, c'est encore timide, ce n'est pas encore l'école du « Nègre nouveau ». Mais c'est peut-être la première fois qu'on affirme l'originalité culturelle des Antilles. En tout cas, l'effort de GRATIANT a survécu à « Lucioles » dont l'existence fut assez brève. Bien plus, il est allé en s'approfondissant. Nous lui devons quelques poèmes en patois martiniquais, qui sont l'expression la plus authentique de l'âme métisse des Antilles.

Comprenant mal ce patois, j'ai emprunté la traduction des trois poèmes que voici au volume publié par Jean Loize sous le titre de « Les quatre Samedis des Antilles ». Je le sais, cette traduction ne reproduit ni l'intégralité, ni la typographie, encore moins la saveur fruitée des textes « créoles »[1]. Je m'en excuse auprès du lecteur.

Gilbert GRATIANT est également l'auteur de talent de nombreux poèmes en français.

BIBLIOGRAPHIE : *Poèmes en vers faux* (1931) — *Dghiab la ka mandé an ti manmaille* (poème chorégraphique inédit). — Nombreux poèmes parus dans diverses revues.

---

[1]. Voir notamment les divergences entre les textes des dédicaces de *Ti-Manmzell la* et de *La petite demoiselle* (p. 38 et 39), que nous n'avons pas cru devoir supprimer (Ch.-A. J.).

## *Pou si couri vini.*

Estella, Noélise, Ti-Mano, Armandine,
   Rachel qui plu gran-a,
   An-nou domi, yich-moin.
Cabritt-boi ja ka fai an bell désodd dérho ;
Pa lumin pièce chandell, mi la lune ka cléré...
Pa lessé pièce bagage an mitan chumin-a :
    Tiré chaise-la
    Pou si couri vini...

    — Pou si couri vini, manman ?

— Pou si cyclonn lévé pou-ı raché toutt pié-boi ?
— Manman, cyclonn, ça peu rivé ?
— Peut-ètt y ja en routt assou lan mè, yich-moin.
   An gran ven ka crasé caī-la
    I ka crié tou longg
    Ououou ! Ououou !
I ka tounin en l'ai la Matniqu' con an lélé.
Toutt moun ka pren couri, ka crié : ouélélé !
Toutt moun serré co yo, couché adan rhazié,
Ven-a pa lass tounin, ven-a pa lass crié,
I ka jétté- ou en l'ai épi tuile, épi branche
   Juss temps ou disparaitt
   Péson-n pa sav qui bo,
I ka pren batimen qui marré la rad-la
Pou chaīé yo dan monn adan chan-can-n...

## *S'il nous fallait courir*

### *(Traduction)*.

Estella, Noélise, Ti-Mano, Armandine,
    Et Rachel, toi l'aînée,
  Allons au lit, enfants.
Les cabritt-bois[1] déjà, dehors, font beau vacarme...
    Enlevez cette chaise.
    S'il nous fallait courir...


— S'il nous fallait courir, maman ?

— S'il se levait un cyclone arrachant tous les arbres ?
— Maman, un cyclone, cela peut arriver ?
— Peut-être est-il en route sur la mer, mon enfant.
    Un grand vent écrase la maison
    Il hurle longuement
    Ououou ! Ououou !
Il tourbillonne au-dessus de la Martinique comme un lélé[2]
Tout le monde se sauve en criant « ouélélé » !
Tout le monde se sauve, se tapit dans les halliers.
Le vent ne se lasse ni de tournoyer ni de crier,
Il vous jette dans les airs avec les tuiles, avec les branches,
    Jusqu'à ce que vous ayez disparu
      Nul ne sait où,
Il saisit les navires amarrés dans la rade
Et les charroie au cœur des mornes, dans les champs de cannes...

---

1. Cabri des bois, sorte d'insecte nocturne très bruyant.
2. Agitateur fait d'une branchette dépouillée et taillée, utilisée pour mélanger les boissons.

— Oti la main-ou ?
— Manman, nou peù...
— Pou si couri vini, manman ?

— Pou si la tè tremblé, yich-moin ?
— La tè sé peu tremblé, manman ?
— La tè ka tremblé minm
Con la peau an bœuf méchan
    Guêp ka piqué !
Boi chapentt ka crié plu fo qû bêtt blessé :
    Crîîîe — crîîîe !
La tè minm ka gémi
I ka fen-n, i ka rouvè
Pou moun tombé adan-ï
Toutt gran nhonm a junou dan la ru
    Pou prié Dieu.
  Yo ka crié : Jésu Maïa !
Chaque tesson ka chaviré dan chaque cuisine
En ba planchè l'étage, boutt palissade, co moun raché.
    Toutt an la ville ka pren du feu,
    Rangé maison ka flambé, vloup !
      Con an sèbi.
Lan mè ka pren couri loin rivage bod'làn mè
Pou-ï ça ruviré monté dans plantation
    Ravagé ça i peu.
    Juss Palai Gouvèneù
    Juss l'Église Bon Dieu minm
      Qui ka crasé
  Con chateau-catt !

— Lumin lumiè
Manman, nou peù...
— Pou si couri vini, manman ?

— Pou si volcan lévé, yich-moin ?
— Volcan, manman, ou ja oué ça ?
— Ça manman oué, yich-li peu ouè :
Ni an ton-nè qui ka roulé dan venttt la tè-a minm.
  Fon, fon en ba pié-ou ou ka ten-n
    Boungg ! Boungg !

— Où est ta main ?
— Maman, nous avons peur...
— S'il nous fallait courir, maman ?


— Si la terre allait trembler, mon enfant ?
— La terre pourrait trembler, maman ?
— Hé oui ! la terre tremble
Comme la peau d'un bœuf méchant
    Que pique une guêpe !
    Et la terre même gémit
    Elle se fend, et s'ouvre
    Pour qu'y tombent les gens.
Tous les hommes s'agenouillent dans la rue
    Pour prier Dieu.
        Ils crient Jésus-Maria !
Les réchauds culbutent dans les cuisines
Sur les planchers, sous les cloisons, sous les cadavres déchi-
[quetés
    Toute une ville s'enflamme, vloup !
    Comme un flambeau.
A la course, la mer s'éloigne du rivage
Puis revient et remonte au fond des plantations
    Ravager ce qu'elle peut,
    Jusqu'au Palais du Gouverneur,
    Jusqu'à l'Église du Bon Dieu
        Qui s'écrasent
    Comme châteaux de cartes !



— Allume ! Maman.
Nous avons peur.
— S'il nous fallait courir, maman ?


— Si se réveillait le volcan, mon enfant ?
— Maman, le volcan, as-tu déjà vu ça ?
— Ce que la mère a vu, l'enfant peut le revoir.
Un tonnerre roule dans le ventre de la terre.
  Loin, loin sous les pieds l'on entend
    Boung ! Boung !

Con can-non Fort Saint-Louis
Quan vaisseau l'amiral
Ka rentré rad Fourial.
La pli roche ka tombé
An roche qui ka flambé en l'ai toi-paill con ta-nou-a.
La pli cen-n ka tombé,
I ka couvè toutt pays-a
Con an gran matla coton,
I ka couvè
Tou ça bêtt sé mangé, tou ça moun sé mangé.
Zoiseau dan ciel, bœuf dan savan-n, moun dan caï-yo
Press ka touffé.
Juss d'leau qui d'leau cen-n...
Lan mè-a ka bouilli con chaudiè ;
Matlo ka mo gonflé.
An dufeu ka soti du ghiol la Montagne-la ;
I ja brûlé Saint-Piè oti gran-papa-ou mo,
Epi toutt zabitan-ï
Toutt nohnm, tout fan-m, toutt yich, toutt bêtt.
Pa-ni chappé...
An dufeu ka monté toi kilomett dan ciel :
Quan i tombé à tè
I ka fon-n toutt muraill,
I ka fogé toutt barreau-fè
Pou mélé yo épi zo moun qui mo...
Cé an moceau l'enfè
Qui chaviré en l'ai têtt nou
Avan-ou peu di : Amen !

— Foq pèssien-n nou béssé pou du feu volcan-a.

— Manman, nou peù !
— Pou si couri vini, manman ?

— Pou si Zombi rivé, yich-moin ?

Comme le canon du Fort Saint-Louis
Quand le vaisseau amiral
Entre en rade du Fort-Royal.
Une pluie de pierres tombe
Une pierre qui flambe sur les toits de paille
Comme le nôtre.
Une pluie de cendres tombe
Elle recouvre tout le pays
Tel un grand matelas de coton,
Elle recouvre
Toute nourriture d'homme, toute nourriture de bête.
Au ciel les oiseaux, les bœufs dans les savanes, chez eux les
[hommes
Étouffent presque.
L'eau est eau de cendres...
La mer bout comme une chaudière ;
Les matelots meurent gonflés.
Un feu sort de la gueule de la Montagne ;
Il a déjà brûlé Saint-Pierre où est mort votre grand-père
Avec tous ses habitants,
Tous les hommes, toutes les femmes, tous les enfants, toutes
[les bêtes.
Nul n'échappe...
Un feu grimpe à trois kilomètres dans le ciel :
Lorsqu'il retombe
Il fond toutes les murailles,
Il forge les barreaux de fer
Pour les mêler aux os des morts...
C'est un morceau d'enfer
Qui chavire sur notre tête
Avant que nous puissions dire : Amen !

— Baissons nos persiennes pour nous garder du feu du
[volcan.
— Maman, nous avons peur.
— S'il nous fallait courir, maman ?

— Si les Zombis[1] venaient, mon enfant ?

---

1. Diables, esprits, fantômes.

— Zombi, manman, ça vré ?
— Ça vré, ça vré, yich-moin.

    Moun, mo ka voyagé,
    Yo ka poté lantenn,
Chuval voyé, cabritt voyé ;
    Ka trainin-n chain-n.
Ni Zombi qui ka sem-m an gran fan-m qui plu bel
   Passé lumiè l'étoil assou la tè.
    Yo ni gran chuveu jone
  Mé deu zieu yo cé agath gro-sirop.
Ni ça qui peu tchoué moun qui gadé yo
    A foce yo laidd ;
Ni ça qui ni an zassiett platt en place têtt yo
    Oti pa ni pièce bouche,
      Pièce nin, pièce zieu...
        Aïen...
Si zombi palé zott, pa répon-n yo, yich-moin.
Ni cercueil ka maché douboutt en clé d'lune...

    — Metté d'lhuil pou la Viège,
      Manman, nou peù...

Estella, Noélise, tchimbé rob manman-yo,
Mano vini serré juss adan jup-la minm.
Pov ti-tchoeù Armandine té batt con ta cici
Pendant-ï té ka pleuré san yo sé peu ten-n li,
   Mé Rachel pa pleuré.
Rachel cé bel ti-moun qui sav empil bagage.
   Rachel tiré chaise-la.
    I té ka ri pou coï-minm
Avan i rufèmin la pott bel ti chan-m-li
   Oti i seul pace i ja gran.
     I ka songé :
     « An-nou tiré-ï !
     Si ta-moin-a vini... »

— Les Zombis, maman, c'est chose vraie ?
— Très vraie, très vraie, mon enfant.

Les morts voyagent
Portant des lanternes,
Des chevaux ensorcelés, des boucs ensorcelés
Traînent des chaînes.
Il y a des Zombis qui ressemblent à une grande femme
Plus belle que la lumière des étoiles sur la terre.
Elle a de longs cheveux blonds
Et deux yeux qui sont des billes d'agate brune.
Il y en a qui peuvent tuer qui les regarde
Si mortelle est leur hideur ;
Il y en a qui en guise de tête ont une assiette plate
Sans bouche, sans nez, sans yeux,
Sans rien.....
Si les Zombis vous parlent, ne leur répondez pas,
Mes enfants.
Il y a des cercueils qui marchent debout au clair de lune.

— Mets de l'huile pour la Vierge,
Maman, nous avons peur...

Estella, Noélise, tiennent la robe de leur mère,
Mano est venu se cacher jusque dans sa jupe.
Le pauvre petit cœur d'Armandine battait comme celui d'un
[cici,
Tandis qu'elle pleurait sans qu'on pût l'entendre,
Mais Rachel ne pleurait pas.
Rachel est une belle jeune fille qui sait beaucoup de choses.
Rachel a enlevé la chaise.
Au fond d'elle-même elle riait
Avant de refermer la porte de sa jolie chambrette
Où elle est seule étant grande fille.
Elle songeait :
« Enlevons-la,
Si mon amoureux venait... »

## *Ti-Manmzell-la.*

> Aux jeunes filles Créoles :
>
> CAPRESSES, droites et provocantes,
> BEKÉES, de lys et de langueur altière ;
> CHABINES enjouées, marquées de soleil ;
> COULIES si fragiles et dont les traits sont purs ;
> « BEL TI-NÉGRESSES » fermes et saines ;
> MULATRESSES aux grands yeux, souples, reines de tout le féminin possible ; et à celle qui les résuma toutes,
> aux Filles de chez nous, passionnée chacune et gracieuse, qui, de Grand'Rivière à Sainte-Anne, et de la Caravelle à Fort-de-France, ont tenu captif entre leurs longs doigts déliés l'oiseau dont il est ici parlé.

Dépi man ti-manmaill, cé pluss man ainmain fleu :
Pass fleu, cé an jadin yo poté lan maison.
Man plein suspension-a épi stéphanotis,
      Gadé con ça joli
      Trois clochett hibiscus
Ven-a ké balancé con ti cloche la folie
Mélé épi guirlandd du zheb grass argenté !


      L'heu man lévé
      Bon matin-a,
   Dépi chanm-la man té ja ouè
   Soleil-la rouge con sang,
Qui té cléré tout neuf, tout matador
    L'ot bo la Matinique,
Déïè lan mè, dèïè rhazié, déïè chan-can-n,
Dèïè an gran désodd du toutt monn en l'ai monn,
    Oti, rhô passé toutt,
    Mi la Montagne Vauclin

## *La petite demoiselle.*
### *(Traduction).*

Aux jeunes filles Créoles :
Capresses, droites et provocantes ;
Bekées, de lys et de langueur altière ;
Chabines enjouées, marquées de soleil ;
Coulies si fragiles aux purs traits d'Indiennes ;
« Bel Ti-négresses » fermes et saines ;
Mulatresses aux grands yeux, souples reines de tout le féminin possible ;
Et a celle qui les résuma toutes :
    aux filles de chez nous, passionnée chacune et gracieuse,
    qui, de Grand'Rivière à Sainte-Anne, et de la Caravelle
    à Fort-de-France, ont tenu entre leurs doigts déliés
    l'oiseau dont il est ici parlé.


Déjà petite fille, j'adorais toute fleur :
Les fleurs, c'est le jardin qu'à la maison l'on porte.
Pleine est la suspension de blancs stéphanotis,
    Et voyez combien belles
    Sont les clochettes rouges
    De l'hibiscus léger
    Que balance le vent,
    Grelots de la folie
    Se mêlant aux guirlandes
    Des herbes argentées !

En me levant
De grand matin,
De ma chambre j'ai vu
Un soleil tout de sang,
Neuf et pimpant, qui se levait
A l'autre bord de la Martinique
Derrière la mer, derrière les champs de cannes,
Derrière un pêle-mêle de mornes et de monts,
Parmi quoi dominait
La montagne du Vauclin

Pareil an gran chapeau gendamm,
An gran chapeau satin violett.

Man seul dan galri-a,
Man seul épi moin-minm.
Cé gran carreau blan-a ka fé an bel damié
Quan yo croisé à tè épi cé carreau nouè.
La vie-a douce,
La vie-a bel bon matin-a.
Colibri ka suspen-n bo jasmin d'Arabie,
Man ka ten-n an piano-no qui loin
Dan an villa,
Tou faib, tou douce...
Ça ka sem-m an bel ai,
Ça ka sem-m an romance,
Chanson longtemps...
An la-riviè d'leau clai ka coulé adan roches,
La man soti baingnin en ba an touff bambou
Toutt moun pati.
Man seul épi moin-minm,
Balancé dan berceuse, cé plési l'innocence :
An-nou songé qui moun té lé moin apré bal,
An-nou songé qui moun té bô moin hiè au souè...

An ven fré ka lévé,
I soti bod' lan mè.
A foce joué épi feuille, i appren-n chanson yo,
I passé dan savan-n, i ni l'odeu gouyave,
Dépi en ba monn-la, i senti man té là,
I juss rété musé bo an pié suringa
Pou couvè moin épi l'odeu man pluss ainmim.
Funett-la gran rouvè.
Vini, chè !
Vini di-moin bonjou.

Ou cé an lanmoureu qui pa ni jalousie,
Ou peu caréssé-moin, man ni an gol batiss,
Boucl chuveu-moin défaitt, vini joué adan yo.

Pareil à un bicorne fait de satin violet.


Je suis seule dans la galerie,
Toute seule avec moi-même.
Carreaux blancs, carreaux noirs
Font un vaste damier.
Douce est la vie,
Et belle en ce matin, la vie !
Les colibris sont suspendus au bord du jasmin d'Arabie,
J'entends au loin un piano
Dans une villa,
Tout faiblement, tout doucement...
Il semble que ce soit un « bel air » du vieux temps,
Ou bien romance d'autrefois...
La rivière à l'eau claire coule parmi les roches,
Je viens de m'y baigner sous les bambous en touffe,
Tout le monde est parti.
Et seule je demeure avec moi-même, seule.
Dans la berceuse se bercer,
Voilà bien innocent plaisir.
Songeons à qui m'aimait hier soir après le bal
Et songeons aux baisers qu'hier soir je reçus...


Un vent frais s'est levé,
Tout joyeux, il sortit du rivage et des lames.
A force d'avoir joué et chanté dans les feuilles,
Le vent a retenu la chanson du feuillage,
Passant par la savane, il a goût de goyave,
Dès le bas du coteau, il connut ma présence,
Il s'est même arrêté auprès des seringas
Afin de me couvrir, arrivant près de moi,
Du parfum qu'il sait bien qu'entre tous je préfère.
La fenêtre est ouverte.
Viens, ami,
Viens me dire bonjour.

Tu es un amoureux exempt de jalousie,
Tu peux me caresser, ma robe est de batiste,
Mes cheveux sont défaits, viens jouer dans mes boucles.

Lan-main-ou press aussi douce que lan main souvenir.
Man sé peu couè ou ja con-naitt toutt secré-moin.
      A foce nou ja palé ensenm,
      A foce ou ja domi bo-moin,
      Quan man tro chau,
Loss an chumise à jou pa minm assé légère.

      Avan-ou pati,
Metté ti-brin fréchéu-ou dan toutt caï-la.
      L'heû-ou passé
      An-ni frôlé
Epi bel bra-ou pièce moun peu ouè
      Mab-la oti Florence posé,
      En travè an funett,
      Plein soleil, plein lombrage,
Troi caraff la Potrie épi siss vè cristal.

An branche bougainvillié soti vérandah-a,
Con an voleù d'amour i passé pa persienn,
Mé bel fleu curieuse-la pa ké pren moin aïen...
      Ça dou quan an peu di :
      « Man pa ni pièce la pein-n,
        Pièce gran la pein-n
        Adan tchoeu-moin,
      Mé man sé peu serré an ti chagrin
        Dan lan main-moin,
      Con an zoiseau yo pren la glu
        Qui lé volé. »

Toutt frécheù gran bain-a man ja pren bon matin
Ka balancé épi moin-minm dans berceuse-la,
      Ka vlopé moin
Con si diré la frécheù qui sé suspen-n
      En l'ai an sorbé ponm du liane.
Man ka chanté tou longg an chanson ti manmaill
Malgré man ja passé l'age manmaill ka joué zouèl.
      Toutt moun ka di man bell :
      Juss glace-moin dan chan-m-la
(Bo an couche oti man tro seul lan nuitt-zéclè),
      Qui content

Douce est ta main autant que la main du souvenir.
N'as-tu pas pénétré mes secrets très intimes ?
Nous avons si souvent échangé nos propos,
Si souvent tu dormis, auprès de moi couché,
      Alors qu'il fait si chaud,
Qu'une chemise à jour n'est plus assez légère.

      Avant de t'en aller,
Mets un peu de fraîcheur dans toute la maison.
Frôle en passant
De ton beau bras
Que nul ne voit
La tablette de marbre où Florence a placé,
      En travers de la fenêtre ouverte,
      Pleine d'ombre et pleine de soleil,
      Trois carafes de la Poterie
      Et six verres de cristal.

Une branche de bougainvillé sort de la véranda,
Comme une voleuse d'amour par la persienne elle passe,
Mais la belle fleur curieuse ne me ravira rien...
      Qu'il est doux de se dire :
      « Je n'ai au fond du cœur
      Ni peine ni douleur,
      Nulle peine pesante,
Mais je pourrais tenir entre mes doigts rejoints
      Un tout petit chagrin
Pareil à un oiseau que la glu captura
      Et qui veut s'envoler ».

La fraîcheur du grand bain que j'ai pris ce matin
Avec moi se balance au gré de la berceuse
      Et m'enveloppe toute
Ainsi qu'une fraîcheur s'arrête suspendue
Au-dessus d'un sorbet fait de pommes-de-liane.
Et tout le long du jour, enfantine, je chante
Bien qu'envolé soit l'âge où je jouais, fillette.
      Tous me disent jolie
Et même mon miroir qui m'attend en ma chambre
(Auprès de ce grand lit où trop seule je suis
      Par les nuits pleines d'éclairs),

Joli ti-manmzell-la loss man ka fè-ï ziou dou...
Man ka di nom an moun man sé lé-ï songé moin.
       Pesson-n pa ten-n aïen
       Mé man sav i doué sav...


Man laché sandal-moin assou carreau fouètt-la,
      Jam-n-moin nu,
      Pié-moin nu,
      Pié-moin qui ka posé,
Pa si fo pou-ï blessé an papillon à tè,
Assé fo pou-ï bercé rêv-moin dan berceuse-la.


## *Joseph, lève!*

Joseph, mi an chapeau mussieu pa peu métté :
I ké fai-ou philosophe loss ou descen-n dan bouk.
    — Mèci, madanm !

— Joseph, mi ti l'agen pace ou travaill ba moin
(Ou a viré ren-n-li dan boutique l'usine-la).
    — Mèci, maitt-moin !

— Joseph, ni l'élection, dimanch, pou député.
Tafia-moin bon ; mi an bell goudd ; nèg pa ingra...
    — Mèci, Mussieu !

— Joseph, cé an laquètt mank a fai pou la Viège,
Montré ou bon chrétien, man ké tiré-ou l'enfè.
    — Mèci, mon Pè !


      Joseph ! Joseph !
    Qui temps ou ké lévé ?

Et même mon miroir
Se révèle amoureux de la « bel ti-manmzell »
Quand je lui fais les yeux doux
Je répète le nom de qui je voudrais bien
Qu'il pense aussi à moi.
Personne ne m'entend
Mais je sais bien qu'il sait...

J'ai lâché ma sandale sur la dalle glacée,
Ma jambe est nue,
Mon pied est nu,
Et ce pied-là se pose
Pas assez fortement pour blesser sur la dalle
Un papillon fragile,
Mais assez fortement pour balancer mon rêve
Dans la douce berceuse.

## *Debout! Joseph!*

*(Traduction).*

Joseph, voici un chapeau que Monsieur ne porte plus :
Il te fera faraud quand tu descendras au bourg.
— Merci, Madame !

Joseph, voici quelques sous pour le travail que tu m'as fait
(Tu viendras le rendre à la boutique de l'usine).
— Merci, mon maître !

— Joseph, c'est l'élection, dimanche, pour le député.
Mon rhum est bon ; voici une belle pièce de cinq francs ;
Les nègres ne sont pas ingrats...
— Merci, Monsieur !

— Joseph, c'est une quête que je fais pour la Vierge,
Montre que tu es bon chrétien, je te sauverai de l'enfer.
— Merci, mon Père !

**Joseph ! Joseph !
Quand te lèveras-tu ?**

La charité ça bon pou chien !
  Joseph ! Joseph !

Pa sè ni pièce chan-can-n,
Pa sè ni pièce chateau,
Pa sè ni pièce l'auto,
Pa sè ni pièce Mussieu,
Pa sè ni pièce Madanme,
Pa sè ni pièce mon Pè
Si pa té ni Joseph !

La charité, c'est bon pour les chiens !
Joseph ! Joseph !

Il n'y aurait pas de champs de cannes,
Il n'y aurait pas de château
Il n'y aurait pas d'auto,
Il n'y aurait pas de Monsieur,
Il n'y aurait pas de Madame,
Il n'y aurait pas de « Mon Père »
    S'il n'y avait Joseph !

# Étienne LERO

*né en 1909 au Lamentin,*
*mort en 1939 à Paris.*

L'histoire des lettres antillaises retiendra sans nul doute le nom d'Étienne Lero, bien que sa vie ait été courte et que son œuvre soit mince. Tempérament généreux, esprit toujours en éveil, Lero commença, sur les bancs du lycée, à réfléchir au problème de l'écrivain de couleur antillais. Il ne cessa, dès lors, d'année en année, en une quête inquiète, de pénétrer toujours plus avant le problème.

C'est ce goût de l'analyse, cette volonté de lucidité, qui l'amena, licencié d'anglais, à quitter les études purement « littéraires » pour la philosophie. Il préparait l'agrégation de philosophie quand la mort le trouva les yeux grands ouverts — et le frappa.

Il partait, laissant à ses cadets une œuvre chargée de dynamite, bien que mince, encore une fois. Car c'est Lero qui fut, avec Jules Monnerot et René Menil, le principal fondateur de « Légitime Défense ». Plus qu'une revue, plus qu'un groupement littéraire, « Légitime Défense » fut un mouvement culturel. Partant de l'analyse marxiste de la société des « Isles », il découvrait en l'Antillais le descendant d'esclaves négro-africains maintenus, trois siècles durant, dans l'abêtissante condition du prolétaire. Il affirmait que seul le surréalisme pourrait le délivrer de ses tabous et l'exprimer dans son intégralité. Nous étions bien loin de « Lucioles » !...

A côté de l'œuvre d'un Césaire, les poèmes de Lero nous paraissent aujourd'hui exercices d'école. Il faut y voir piutôt des études. Je ne doute pas que, s'il eût vécu, il ne nous eût donné des œuvres plus personnelles, plus nègres, du moins plus antillaises. Car il avait les dons du poète : l'amour et le respect de son outil, l'horreur du déjà vu et la puissance de fabulation.

Nous devons à l'amitié de Damas d'avoir pu réunir les textes qui suivent.

## *Fumées...*

Il est parti ce jour que la forêt en deuil
    versa des fleurs à flots
dans un grand rythme de choses blessées...
    Il est parti
Et depuis
son souvenir flotte, liquide et capricieux
    sur la vapeur d'or
que l'âme jalouse des vieux cerfs
oublie dans la forêt de leur jeunesse rêveuse
    Un pâtre
a sifflé un air que l'on n'entendit plus jamais
    Et le grelot perdu
des chèvres dans la montagne
    se fit plaintif
comme la prière du vent dans les talus...


## *S. O. S.*

Que le soir meure sur la ville
Et sur l'obscène exploit
Mise en scène du cœur cinéma
Cœur simulacre du voyage
Pour celle qui a peur du paysage
Et que lasse l'exclusive image
Si l'incendie éclate
Il n'y a pas de sortie de secours
Une oreille pour le dernier appel
A qui déjouant le péril

Prendra le cœur à louer
Rien n'est demandé
Que le don du bonheur puéril

## *Sur la prairie...*

Sur la prairie trois arbres prennent le thé
Tes mains sont cachées
Mes mains sont cachées
Une seule bouche et l'heure d'été
Laisse-moi jouer au jeu de l'habitude
Beau paquebot aux lignes de mes mains.

## *Tourne...*

Tourne toujours
Moi seul ne vois point
Assez n'est cécité et cinéma
Monsieur asseyez-vous
Renée n'est pas venue
Je suis seule et tu es nue.

## *Loin des vies...*

Loin des vies quadrillées
Le Temps souffle dans ses doigts
Les semaines à paniers
Et les pantalons de dentelles
On ne ferme pas l'accordéon des journées
Et les souliers du vent
Ne pousseront plus même la porte
Vers celui qui t'attend.

## *Le Ciel a ravi...*

Le Ciel a ravi l'éclat des lampes
Le Jour monte comme une passerelle
Les nuits et les jours de ton amour
Ce sont pièces de monnaie
Où l'on ne voit plus la reine
Histoire ancienne.

## *Abandonne...*

Abandonne aux dentitions
électriques
Nos mains et les oiseaux
L'ascenseur emporte
les arbres et les photographies
La rivière garde nos chevelures
La nuit s'étrangle au tambour des portes
et l'on recommence l'aventure.

## *Et les talus...*

Et les talus de chair emprisonnent
Le hasard servile des arçons de miel
Au matin mangé de sueur
Je n'ai perdu que mes pieds inutiles au voyage
Dans les gares du vent
La coque gantée d'un navire sans voiles
Et je parle avec ta voix
A l'heure où s'obstruent tous les chemins de sable
A l'heure qu'indiquent les phares brûlés du sycomore
Dans la blessure humide d'un oiseau sans ailes
Plonge l'été briseur d'épaves.

## *Mets...*

Mets sous la chaise les boucles d'oreille
et les fleurs du tapis
et tous les bouquets de la veille
pour que la sueur des brises
et les cuisses de verdure
et les trompes sous-marines
survivent au précipice.

## *Châtaignes aux cils...*

Châtaignes aux cils du courant
Vous êtes le lieu des rendez-vous
De beaux rochers insubmersibles
Dénouent l'échelle de soie
D'une nuit qui mène vers les traces de sang
Le sablier du visage que j'aime
A ce bras finit un monde
Où le soleil des routes appelle vers l'autre rive
Les bagnards sans souci
Des regards où le tonnerre se refuse à revenir
Des bouteilles pleines de temps perdu
Le paysage des dernières lumières
D'une gorge sur pilotis
Les chevelures anciennes
Collent aux branches le fond des mers vides
Où ton corps n'est qu'un souvenir
Où le printemps se fait les ongles
L'hélice de ton sourire jeté au loin
Sur les maisons dont nous ne voulons pas.

# Aimé CÉSAIRE

## né le 25 juin 1913 à Basse-Pointe.

Lorsque Jules MONNEROT, Étienne LERO et René MENIL lancèrent le manifeste de « Légitime Défense » à la bourgeoisie antillaise, Aimé CÉSAIRE, alors élève de « Khâgne » au lycée Louis-le-Grand, fut le premier à l'écouter et à l'entendre. Comprenant qu'il fallait approfondir ce message, il remonta, d'une part, aux sources françaises, jusqu'à Rimbaud et à Lautréamont ; d'autre part, à ses propres sources, à ses « ancêtres Bambara », à la poésie négro-africaine.

Nul plus que CÉSAIRE ne mérite le titre de « grand poète noir » que lui décerna André BRETON en 1943[1]. Et d'abord cet ancien normalien, ce professeur de lettres, est le maître magnifique de sa langue, jusque dans le bouillonnement de son délire. Mais le don essentiel de notre poète est la passion. C'est des profondeurs de sa négritude qu'explose le volcan émotionnel. Je dis passion. Le « Cahier d'un retour au pays natal » — j'ai assisté à sa douloureuse parturition — est l'expression transcendante du drame mêlé de la souffrance morale et de la souffrance physique. Pour finir, le troisième « cœur » du balisier : une tyrannique exigence morale, l'absolu dans le refus de transiger avec le mensonge ou l'injustice.

Ces dons que voilà font le poète noir. Ses images jaillissent des entrailles mêmes du volcan, du creuset où ont mûri métaux et pierres rares, images des trois continents et des trois races, images du monde. Images qui frappent parce que images qui chantent. Car CÉSAIRE, qui est surréaliste, mais nègre, ne néglige pas le « stupéfiant chant », — jeu des sonorités et rythmes verbaux — pour le seul « stupéfiant image ».

Le poète va plus loin : il réconcilie le rêve et l'action. Je veux dire que, chez lui, le rêve est action grâce aux « armes miraculeuses » sorties du dépôt ancien de sa négritude. Il réconcilie le poète et le politique, ce « Rebelle », dont chaque chant est un refus hautain au monde blanc de l'argent.

Comprenons CÉSAIRE, le « Blanc » symbolise le Capital ; comme le « Nègre » le travail. A travers les hommes à peau noire de sa race, c'est la lutte du prolétariat mondial qu'il chante contre la dictature des pions et des banquiers. Poésie personnelle s'il en fut jamais, poésie raciale, mais gonflée d'un « amour tyrannique » pour tous les hommes ses frères, « d'un amour catholique », comme il avait tout d'abord écrit.

BIBLIOGRAPHIE : *Cahier d'un retour au pays natal* (Éditions Bordas) — *Les armes miraculeuses* (Éditions Gallimard) — *Soleil cou coupé* (K. éditeur).

1. Cf. la préface d'André BRETON au *Cahier d'un retour au pays natal* (Éditions Bordas).

## *Barbare.*

C'est le mot qui me soutient
    et frappe sur ma carcasse de cuivre jaune
    où la lune dévore dans la soupente de la rouille
    les os barbares
    des lâches bêtes rôdeuses du mensonge

    barbare
    du langage sommaire
    et nos faces belles comme le vrai pouvoir opératoire
    de la négation

    barbare
    des morts qui circulent dans les veines de la terre
    et viennent se briser parfois la tête contre les murs de nos
        oreilles
    et les cris de révolte jamais entendus
    qui tournent à mesure et à timbres de musique

    barbare
    l'article unique
    barbare le tapaya
    barbare l'amphisbène blanche
    barbare moi le serpent cracheur
    qui de mes putréfiantes chairs me réveille
    soudain gekko volant
    soudain gekko frangé

      et me colle si bien aux lieux mêmes de la force
      qu'il vous faudra pour m'oublier

      jeter aux chiens la chair velue de vos poitrines.

                              *(Soleil cou coupé.)*

## *Cahier d'un retour au pays natal.*
### *(Fragment).*

. . . . . . . . . . . . . . . . . . . . . . . . . . . .
Ceux qui n'ont inventé ni la poudre ni la boussole
ceux qui n'ont jamais su dompter la vapeur ni l'électricité
ceux qui n'ont exploré ni les mers ni le ciel
mais ils savent en ses moindres recoins le pays de souffrance
ceux qui n'ont connu de voyages que de déracinements
ceux qui se sont assouplis aux agenouillements
ceux qu'on domestiqua et christianisa
ceux qu'on inocula d'abâtardissement
tam-tams de mains vides
tam-tams inanes de plaies sonores
tam-tams burlesques de trahison tabide

      Tiède petit matin de chaleurs et de peurs ancestrales

par-dessus bord mes richesses pérégrines
par-dessus bord mes faussetés authentiques

Mais quel étrange orgueil tout soudain m'illumine ?

vienne le colibri
vienne l'épervier
vienne le bris de l'horizon
vienne le cynocéphale
vienne le lotus porteur du monde
vienne de dauphins une insurrection perlière brisant la
coquille de la mer
vienne un plongeon d'îles
vienne la disparition des jours de chair morte dans la
chaux vive des rapaces
viennent les ovaires de l'eau où le futur agite sa petite
tête
viennent les loups qui pâturent dans les orifices sauvages
du corps à l'heure où à l'auberge écliptique se rencontrent
ma lune et ton soleil

il y a les souris qui à les ouïr s'agitent dans le vagin
de ma voisine
il y a sous la réserve de ma luette une bauge de sangliers
il y a mon sexe qui est un poisson en fermentation vers des
berges à pollen
il y a tes yeux qui sont sous la pierre grise du jour un
conglomérat frémissant de coccinelles
il y a dans le regard du désordre cette hirondelle de menthe
et de genêt qui fond pour toujours renaître dans le raz de
marée de ta lumière
Calme et berce ô ma parole l'enfant qui ne sait pas que la
carte du printemps est toujours à refaire
les herbes balanceront pour le bétail vaisseau doux de l'espoir
le long geste d'alcool de la houle
les étoiles du chaton de leur bague jamais vue
couperont les tuyaux de l'orgue de verre du soir
puis répandront sur l'extrémité riche de ma fatigue
des zinnias
des coryanthes
et toi veuille astre de ton lumineux fondement tirer lémurien
du sperme insondable de l'homme
la forme non osée
que le ventre tremblant de la femme porte tel un minerai

ô lumière amicale
ô fraîche source de la lumière
ceux qui n'ont inventé ni la poudre ni la boussole
ceux qui n'ont jamais su dompter la vapeur ni l'électricité
ceux qui n'ont exploré ni les mers ni le ciel
mais ceux sans qui la terre ne serait pas la terre
gibbosité d'autant plus bienfaisante que la terre déserte
davantage la terre
silo où se préserve et mûrit ce que la terre a de plus terre
ma négritude n'est pas une pierre, sa surdité ruée contre la
clameur du jour
ma négritude n'est pas une taie d'eau morte sur l'œil mort
de la terre
ma négritude n'est ni une tour ni une cathédrale

elle plonge dans la chair rouge du sol

elle plonge dans la chair ardente du ciel
elle troue l'accablement opaque de sa droite patience.

Eia pour le Kaïlcédrat royal !
Eia pour ceux qui n'ont jamais rien inventé
pour ceux qui n'ont jamais rien exploré
pour ceux qui n'ont jamais rien dompté

mais ils s'abandonnent, saisis, à l'essence de toute chose
ignorants des surfaces mais saisis par le mouvement de toute chose
insoucieux de dompter, mais jouant le jeu du monde

véritablement les fils aînés du monde
poreux à tous les souffles du monde
aire fraternelle de tous les souffles du monde
lit sans drain de toutes les eaux du monde
étincelle du feu sacré du monde
chair de la chair du monde palpitant du mouvement même du monde !

    Tiède petit matin de vertus ancestrales

Sang ! Sang ! tout notre sang ému par le cœur mâle du soleil
ceux qui savent la féminité de la lune au corps d'huile
l'exaltation réconciliée de l'antilope et de l'étoile
ceux dont la survie chemine en la germination de l'herbe !

Eia parfait cercle du monde et close concordance !

Écoutez le monde blanc
horriblement las de son effort immense
ses articulations rebelles craquer sous les étoiles dures
ses raideurs d'acier bleu transperçant la chair mystique
écoute ses victoires proditoires trompeter ses défaites
écoute aux alibis grandioses son piètre trébuchement

Pitié pour nos vainqueurs omniscients et naïfs !

Eia pour ceux qui n'ont jamais rien inventé

pour ceux qui n'ont jamais rien exploré
pour ceux qui n'ont jamais rien dompté

Eia pour la joie
Eia pour l'amour
Eia pour la douleur aux pis de larmes réincarnées

Et voici au bout de ce petit matin ma prière virile
que je n'entende ni les rires ni les cris,
les yeux fixés sur cette ville que je prophétise, belle

donnez-moi la foi sauvage du sorcier
donnez à mes mains puissance de modeler
donnez à mon âme la trempe de l'épée
je ne me dérobe point. Faites de ma tête une tête de proue
et de moi-même, mon cœur, ne faites ni un père, ni un frère,
ni un fils, mais le père, mais le frère, mais le fils,
ni un mari, mais l'amant de cet unique peuple.

Faites-moi rebelle à toute vanité, mais docile à son génie
comme le poing à l'allongée du bras !
Faites-moi commissaire de son sang
faites-moi dépositaire de son ressentiment
faites de moi un homme de terminaison
faites de moi un homme d'initiation
faites de moi un homme de recueillement
mais faites aussi de moi un homme d'ensemencement

faites de moi l'exécuteur de ces œuvres hautes

voici le temps de se ceindre les reins comme un vaillant homme

Mais le faisant, mon cœur, préservez-moi de toute haine
ne faites point de moi cet homme de haine pour qui je n'ai que haine
car pour me cantonner en cette unique race
vous savez pourtant mon amour tyrannique
vous savez que ce n'est point par haine des autres races
que je m'exige bêcheur de cette unique race
que ce que je veux
c'est pour la faim universelle

pour la soif universelle
la sommer libre enfin

de produire de son intimité close
la succulence des fruits.

Et voyez l'arbre de nos mains !
il tourne pour tous, les blessures incises en son tronc
pour tous le sol travaille
et griserie vers les branches de précipitation parfumée !

Mais avant d'aborder aux futurs vergers
donnez-moi de les mériter sur leur ceinture de mer
donnez-moi mon cœur en attendant le sol
donnez-moi sur l'océan stérile
mais où caresse la main la promesse de l'amure
donnez-moi sur cet océan divers
l'obstination de la fière pirogue
et sa vigueur marine.

La voici avancer par escalades et retombées sur le flot
pulvérisé
la voici danser la danse sacrée devant la grisaille du bourg
la voici barrir d'un lambi vertigineux
voici galoper le lambi jusqu'à l'indécision des mornes
et voici par vingt fois d'un labour vigoureux la pagaie
forcer l'eau
la pirogue se cabre sous l'assaut de la lame, dévie un instant,
tente de fuir, mais la caresse rude de la pagaie la vire,
alors elle fonce, un frémissement parcourt l'échine de la vague
la mer brave et gronde
la pirogue comme un traîneau file sur le sable.

Au bout de ce petit matin, ma prière virile :

donnez-moi les muscles de cette pirogue sur la mer démontée
et l'allégresse convaincante du lambi de la bonne nouvelle !...

## *Avis de tirs.*

Le mulet de mes paupières glissant sur le pavé lourd de mes
  yeux d'avant terre
J'attends au bord du monde les-voyageurs-qui-ne-viendront-
  pas
donnez-m'en
du lait d'enfance, des pains de pluie, des farines de mi-nuit et
  de baobab
mes mains piquées aux buissons d'astres mais cueillies d'écume
délacent avant temps
le corsage des verrous
et la foudroyante géométrie du trigonocéphale
pour mon rêve aux jambes de montre en retard
pour ma haine de cargaison coulée
pour mes 6 arbres géants de Tasmanie
pour mon château de têtes en Papouasie
pour mes aurores boréales mes sœurs mes bonnes amies
pour mon amie ma femme mon otarie
ô vous toutes mes amitiés merveilleuses, mon amie, mon amour
ma mort, mon accalmie, mes choléras
mes rimes lunaires
mes lévriers
mes tempes maudites
(et les mines de radium enfouies dans l'abysse de mes inno-
  cences
sauteront en grains
dans la mangeoire des oiseaux
et le stère d'étoiles
sera le nom commun du bois de chauffage
recueilli aux alluvions des veines chanteuses de nuit)
à la 61$^e$ minute de la dernière heure
la ballerine invisible exécutera des tirs au cœur
à boulets rouges d'enfer et de fleurs pour la première fois
à droite les jours sans viande sans yeux sans méfiance sans lacs
à gauche les feux de position des jours tout court et des ava-
  lanches

le pavillon de phimosis à dents blanches du Vomito-Negro
sera hissé pendant la durée illimitée
du feu de brousse de la fraternité.

*(Les Armes miraculeuses.)*

## *Soleil serpent.*

Soleil serpent œil fascinant mon œil
et la mer pouilleuse d'îles craquant aux doigts des roses
lance-flamme et mon corps intact de foudroyé
l'eau exhausse les carcasses de lumière perdues dans le couloir sans pompe
des tourbillons de glaçons auréolent le cœur fumant des corbeaux
nos cœurs
c'est la voix des foudres apprivoisées tournant sur leurs gonds de lézarde
transmission d'anolis au paysage de verres cassés
c'est les fleurs vampires montant à la relève des orchidées
élixir du feu central
feu juste feu manguier de nuit couvert d'abeilles
mon désir un hasard de tigres surpris aux soufres
mais l'éveil stanneux se dore des gisements enfantins
et mon corps de galet mangeant poisson mangeant
colombes et sommeils
le sucre du mot Brésil au fond du marécage.

*(Les Armes miraculeuses.)*

## *Les oubliettes de la mer et du déluge.*

Jour ô jour de New York et de la Soukala
je me recommande à vous
à vous qui ne serez plus l'absurde jeu du sphinx

à tête de mort et de l'eczéma rebelle
et le jour très simplement le jour
enlève ses gants
ses gants de vent bleu de lait cru de sel fort
ses gants de repos d'œuf de squale et d'incendie de paille noire
sécheresse
sécheresse
vous ne pourrez rien contre mes glandes aquifères
le ballet chimique des terres rares
la poudre des yeux finement pilés sous le bâton
les mouettes immobilement têtues des fuseaux et de l'eau
font l'inaltérable alliage de mon sommeil sans heure
sans heure autre que l'inapaisement de geyser de l'arbre du silence
sans heure autre que la catastrophe fraternelle aux cheveux d'hippocampe et de campêche
sans heure autre que mes yeux de sisal et de toile d'araignée
mes yeux de clef de monde et de bris de journée
où prendre la fièvre montée sur 300 000 lucioles
sans heure autre que les couteaux de jet du soleil lancés à toute volée
autour de l'encolure des climats
sans heure autre que les oiseaux qui picorent les biefs du ciel pour apaiser leur soif-de-dormir-dans-le-déluge
sans heure autre que l'inconsolable oiseau sang qui d'attendre s'allume dans l'agriculture de tes yeux à défaire le beau temps
sans heure autre que la voix fabuleuse des forêts qui gonflent subitement leur voilure dans les radoubs du marais et du coke
sans heure autre que l'étiage des lunaisons dans la cervelle comptable des peuples nourris d'insultes et de millénaires
sans heure autre oh ! sans heure autre que ton flegme taureau incorruptible
qui jamais ne neige d'appel plus salubre et mortel
que quand s'éveille des ruisseaux de mon écorce
épi et neuvaine du désastre (le vrai)
la femme
qui sur ses lèvres à boire berce le palanquin des oubliettes de la mer.

*(Les Armes miraculeuses.)*

## La femme et le couteau.

Chair riche aux dents copeaux de chair sûre
volez en éclats de jour en éclats de nuit en baisers de vent
en étraves de lumière en poupes de silence
volez emmêlements traqués enclumes de la chair sombre volez
volez en souliers d'enfant en jets d'argent
volez et défiez les cataphractaires de la nuit montés sur leurs onagres
vous oiseaux
vous sang
qui a dit que je ne serai pas là ?
pas là mon cœur sans-en-marge
mon cœur-au-sans-regrets mon cœur à fonds perdus
et des hautes futaies de la pluie souveraine ?

nombres bijoux sacrés neiges éternelles glaçons tournois
il y aura des pollens des lunes des saisons au cœur de pain et de clarine
les hauts fourneaux de la grève et de l'impossible émettront de la salive des balles des orphéons des mitres des candélabres
ô pandanus muet peuplé de migrations
ô nils bleus ô prières naines ô ma mère ô piste
et le cœur éclaboussé sauvage
le plus grand des frissons est encore à fleurir
futile.

*(Les Armes miraculeuses.)*

# *Et les chiens se taisaient*
(*Fragment*).

. . . . . . . . . . . . . . . . . . . . . . . . . . . . . . .

#### LE REBELLE

Femme prends garde, il y a un beau pays qu'ils ont gâté de larves dévergondé hors saison
un monde d'éclats de fleurs salis de vieilles affiches
une maison de tuiles cassées de feuilles arrachées sans tempête
pas encore
pas encore
je ne reviendrai que grave
l'amour luira dans nos yeux de grange incendiée
comme un oiseau ivre
un peloton d'exécution
pas encore
pas encore
je ne reviendrai qu'avec ma bonne prise de contrebande
l'amour vivant herbeux de blé de sauterelles de vague de déluge de sifflements de brasiers de signes de forêt d'eau de gazon d'eau de troupeaux d'eau
l'amour spacieux de flammes d'instants de ruches de pivoines de poinsettias prophétique de chiffres, prophétique de climats

#### LE CHŒUR

Hachoirs mes doux cantiques
sang répandu ma tiède fourrure
les massacres, mes massacres, les fumées, mes fumées font une route peu limpide de jets d'eau lancés par les évents de l'incendie.

#### LE REBELLE

Laboure-moi, laboure-moi, cri armé de mon peuple.
Laboure-moi phacochère et piétine piétine-moi jusqu'à la

brisure de mon cœur jusqu'à l'éclatement de mes veines jusqu'au pépiement de mes os dans le minuit de ma chair...

LA MÈRE

Mon fils !

LE REBELLE

Une minute trop lourde ou trop belle pèse sur moi depuis longtemps.

PREMIÈRE VOIX TENTATRICE

Je suis l'heure rouge, l'heure dénouée rouge.

DEUXIÈME VOIX TENTATRICE

Je suis l'heure des nostalgies, l'heure des miracles.

LE REBELLE

Des femmes depuis longtemps je ne parle qu'à la plus ivre qu'à la plus belle

LA MÈRE *(se dévoilant)*

et la plus malheureuse est à tes pieds.

LE REBELLE

A mes pieds ? Je ne parle depuis longtemps qu'à celle qui fait que la nuit est vivante et le jour feuillu.

LE DEMI-CHŒUR

Celle qui fait du matin un ruisseau de jonques bleues ?

LE DEMI-CHŒUR

Celle qui fait...

LE REBELLE

que le silex est impardonnable. Femme du couchant femme sans rencontre qu'avons-nous à nous dire ? A l'heure rouge des requins, à l'heure rouge des nostalgies, à l'heure rouge des miracles, j'ai rencontré la *Liberté*.

Et la mort n'était pas hargneuse mais douce
aux mains de palissandre et de jeune fille nubile
aux mains de charpie et de fonio
douce
nous étions là
et une virginité saignait cette nuit-là
timonier de la nuit peuplée de soleils et d'arcs-en-ciel
timonier de la mer et de la mort
liberté ô ma grande bringue les jambes poisseuses du sang neuf
ton cri d'oiseau surpris et de fascine
et de chabine au fond des eaux
et d'aubier et d'épreuve et de letchi triomphant
et de sacrilège
rampe rampe
ma grande fille peuplée de chevaux et de feuillages
et de hasards et de connaissances
et d'héritage et de sources
sur la pointe de tes amours sur la pointe de tes retards
sur la pointe de tes cantiques
de tes lampes
sur tes pointes d'insectes et de racines
rampe grand frai ivre de dogues de mâtins et de marcassins
de bothrops lancéolés et d'incendies
à la déroute de l'exemple scrofuleux des cataplasmes.

### LA MÈRE

O mon fils mal éclos !

### LE REBELLE

Quelle est celle qui me trouble sur le seuil du repos ? Ah, il te fallait un fils trahi et vendu... et tu m'as choisi... Merci.

### LA MÈRE

Mon fils !

### LE REBELLE

Et il fallait aussi n'est-ce pas à ceux qui t'ont envoyée, il leur fallait mieux que ma défaite, mieux que ma poitrine qui se rompt, il leur fallait mon oui... Et ils t'ont envoyée. Merci.

LA MÈRE

Tourne la tête et me regarde.

LE REBELLE

Mon amie, mon amie
est-ce ma faute si par bouffée du fond des âges, plus rouge que n'est noir mon fusc, me montent et me colorent et me couvrent la honte des années, le rouge des années et l'intempérie des jours
la pluie des jours de pacotille
l'insolence des jours de sauterelle
l'aboi des jours de dogue au museau plus verni que le sel
je suis prêt
sonore à tous les bruits et plein de confluences
j'ai tendu ma peau noire comme une peau de bourrique.

LA MÈRE

Cœur plein de combat, cœur sans lait.

LE REBELLE

Mère sans foi.

LA MÈRE

Mon enfant... donne-moi la main... laisse pousser dans ma main ta main redevenue simple.

LE REBELLE

Le tam-tam halète, le tam-tam éructe, le tam-tam crache des sauterelles de feu et de sang, ma main aussi est pleine de sang.

LA MÈRE *(effrayée)*

Tes yeux sont pleins de sang.

LE REBELLE

Je ne suis pas un cœur aride. Je ne suis pas un cœur sans pitié.
Je suis un homme de soif bonne qui circule fou autour de mares empoisonnées.

LA MÈRE

Non... sur le désert salé et pas une étoile sauf le gibet à mutins
et des membres noirs aux crocs du vent.

LE REBELLE *(ricanant)*

Ha, ha, quelle revanche pour les blancs. La mer indocile...
le grimoire des signes... la famine, le désespoir... Mais non,
on t'aura menti, et la mer est feuillue, et je lis du haut de son
faîte un pays magnifique, plein de soleil... de perroquets...
de fruits... d'eau douce... d'arbres à pain.

LA MÈRE

... un désert de béton, de camphre, d'acier, de charpie, de
marais désinfectés,
un lieu lourd miné d'yeux de flammes et de champignons...

LE REBELLE

Un pays d'anses de palmes de pandanus... un pays de main
ouverte...

LA MÈRE

Voyez, il n'obéit pas... il ne renonce pas à sa vengeance mauvaise... il ne désarme pas.

LE REBELLE *(dur)*

Mon nom : offensé ; mon prénom : humilié ; mon état : révolté ;
mon âge : l'âge de la pierre.

LA MÈRE

Ma race : la race humaine. Ma religion : la fraternité...

LE REBELLE

Ma race : la race tombée. Ma religion...
mais ce n'est pas vous qui la préparerez avec votre désarmement...
c'est moi avec ma révolte et mes pauvres poings serrés et ma
tête hirsute.

*(très calme)*
Je me souviens d'un jour de novembre ; il n'avait pas six mois et le maître est entré dans la case fuligineuse comme une lune rousse, et il tâtait ses petits membres musclés, c'était un très bon maître, il promenait d'une caresse ses doigts gros sur son petit visage plein de fossettes. Ses yeux bleus riaient et sa bouche le taquinait de choses sucrées : ce sera une bonne pièce, dit-il en me regardant, et il disait d'autres choses aimables le maître, qu'il fallait s'y prendre très tôt, que ce n'était pas trop de vingt ans pour faire un bon chrétien et un bon esclave, bon sujet et bien dévoué, un bon garde-chiourme de commandeur, œil vif et le bras ferme. Et cet homme spéculait sur le berceau de mon fils un berceau de garde-chiourme.

LA MÈRE

Hélas ! tu mourras.

LE REBELLE

Tué... Je l'ai tué de mes propres mains...
Oui : de mort féconde et plantureuse...
c'était la nuit. Nous rampâmes parmi les cannes à sucre.
Les coutelas riaient aux étoiles, mais on se moquait des étoiles.
Les cannes à sucre nous balafraient le visage de ruisseaux de lames vertes.
Nous rampâmes coutelas au poing...

LA MÈRE

J'avais rêvé d'un fils pour fermer les yeux de sa mère.

LE REBELLE

J'ai choisi d'ouvrir sur un autre soleil les yeux de mon fils.

LA MÈRE

... O mon fils... de mort mauvaise et pernicieuse

LE REBELLE

Mère, de mort vivace et somptueuse

LA MÈRE

pour avoir trop haï

LE REBELLE

pour avoir trop aimé.

LA MÈRE

Épargne-moi j'étouffe de tes liens. Je saigne de tes blessures.

LE REBELLE

Et le monde ne m'épargne pas... Il n'y a pas dans le monde un pauvre type lynché, un pauvre homme torturé, en qui je ne sois assassiné et humilié.

LA MÈRE

Dieu du ciel, délivre-le.

LE REBELLE

Mon cœur tu ne me délivreras pas de mes souvenirs.
C'était un soir de novembre...
Et subitement des clameurs éclairèrent le silence.
Nous avions bondi nous les esclaves, nous le fumier, nous les bêtes au sabot de patience.
Nous courions comme des forcenés ; les coups de feu éclatèrent... Nous frappions. La sueur et le sang nous faisaient une fraîcheur. Nous frappions parmi les cris et les cris devinrent plus stridents et une grande clameur s'éleva vers l'est, c'étaient les communs qui brûlaient et la flamme flaqua douce sur nos joues.
Alors ce fut l'assaut donné à la maison du maître.
On tirait des fenêtres.
Nous forçâmes les portes.
La chambre du maître était grande ouverte. La chambre du maître était brillamment éclairée, et le maître était là très calme... et les nôtres s'arrêtèrent... c'était le maître... J'entrai. C'est toi, me dit-il, très calme... C'était moi, c'était bien moi, lui disais-je, le bon esclave, le fidèle esclave, l'esclave esclave, et soudain ses yeux furent deux ravets apeurés les jours

de pluie... je frappai, le sang gicla : c'est le seul baptême dont je me souvienne aujourd'hui.

### LA MÈRE

J'ai peur de la balle de tes mots, j'ai peur de tes mots de poix et d'embuscade. J'ai peur de tes mots parce que je ne peux les prendre dans ma main et les peser... Ce ne sont pas des mots humains.
Ce ne sont point des mots que l'on puisse prendre dans la paume de ses mains et peser dans la balance rayée de routes et qui tremble...
*(La mère s'écroule.)*

### LE REBELLE *(penché sur la morte ou l'évanouie)*

Femme, ton visage est plus usé que la pierre ponce roulée par la rivière
beaucoup, beaucoup,
tes doigts sont plus fatigués que la canne broyée par le moulin, beaucoup, beaucoup,
oh, tes mains sont de bagasse fripée, beaucoup, beaucoup,
oh, tes yeux sont des étoiles égarées beaucoup, beaucoup,
Mère très usée, mère sans feuille tu es un flamboyant et il ne porte plus que les gousses. Tu es un calebassier, et tu n'es qu'un peuplement de couis...
*(Les Armes miraculeuses.)*

# *La pluie.*

Après que j'eus par le fer par le feu par la cendre visité les lieux les plus célèbres de l'histoire après que j'eus par la cendre le feu la terre et les astres courtisé de mes ongles de chien sauvage et de ventouse le champ autoritaire des protoplasmes
Je me trouvai comme à l'accoutumée du temps jadis au milieu d'une usine de nœuds de vipère dans un gange de cactus dans une élaboration de pèlerinages d'épines — et comme

à l'accoutumée j'étais salivé de membres et de langues nés mille ans avant la terre — et comme à l'accoutumée je fis ma prière matinale celle qui me préserve du mauvais œil et que j'adresse à la pluie sous la couleur aztèque de son nom

Pluie qui si gentiment laves l'académique vagin de la terre d'une injection perverse
Pluie toute-puissante qui fais sauter le doigt des roches sur le billot
Pluie qui gaves une armée de vers comme n'en saurait nourrir une forêt de mûriers
Pluie stratège génial qui pousse sur la glace de l'air ton armée de zigzags de berges innombrables qui ne peut pas ne pas surprendre l'ennui le mieux gardé
Pluie ruche de guêpes beau lait dont nous sommes les porcelets
Pluie je vois tes cheveux qui sont une explosion continue d'un feu d'artifice de hura-crépitans
tes cheveux de fausses nouvelles aussitôt démenties

Pluie qui dans tes plus répréhensibles débordements n'as garde d'oublier que les jeunes filles du Chiriqui tirent soudain de leur corsage de nuit une lampe de lucioles émouvantes
Pluie inflexible qui ponds des œufs dont les larves sont si fières que rien ne peut les obliger à passer à la poupe du soleil et de le saluer comme un amiral
Pluie qui es l'éventail de poisson frais derrière lequel se cachent les races courtoises pour voir passer la victoire aux pieds sales
Salut à toi pluie reine au fond de l'éternelle déesse dont les mains sont multiples et dont le destin est unique toi sperme toi cervelle toi fluide
Pluie capable de tout sauf de laver le sang qui coule sur les doigts des assassins des peuples surpris sous les hautes futaies de l'innocence

*(Soleil cou coupé.)*

# *An neuf.*

### *Poème pour le Centenaire de la Révolution de 1848*

>Les hommes ont taillé dans leurs tourments une fleur
>qu'ils ont juchée sur les hauts plateaux de leur face
>la faim leur fait un dais
>>une image de femme se dissout dans leur dernière larme
>
>ils ont bu jusqu'à l'horreur féroce
>les monstres rythmés par les écumes

En ce temps-là
il y eut une
inoubliable
métamorphose

>>les chevaux ruaient un peu de rêve sur leurs sabots
>>de gros nuages d'incendie s'arrondirent en champignons
>>sur toutes les places publiques
>>ce fut une peste merveilleuse
>>>sur le trottoir les moindres réverbères tournaient leur tête de phare
>>>quant à l'avenir anophèle vapeur brûlante il sifflait dans les jardins

En ce temps-là
le mot ondée
et le mot sol meuble
le mot aube
et le mot copeaux
conspirèrent pour la première fois

>Des forêts naquirent aux borinages
>et des péniches sur les canaux de l'air
>et du salpêtre rouge des blessés sur le pavé
>il naquit des arums au-delà des fillettes

Ce fut l'année où les germes de l'homme se choisirent dans l'homme le tendre pas d'un cœur nouveau

*(Soleil cou coupé.)*

## *Le coup de couteau du soleil dans le dos des villes surprises.*

Et je vis un premier animal
il avait un corps de crocodile des pattes d'équidé une tête
 de chien mais lorsque je regardai de plus près à la place
 des bubons c'étaient des cicatrices laissées en des temps
 différents par les orages sur un corps longtemps soumis à
 d'obscures épreuves sa tête je l'ai dit était des chiens pelés
 que l'on voit rôder autour des volcans dans les villes que
 les hommes n'ont pas osé rebâtir et que hantent éternelle-
 ment les âmes des trépassés
et je vis un second animal
il était couché sous un bois de dragonniers des deux côtés de
 son museau de chevrotain comme des moustaches se déta-
 chaient deux rostres enflammés aux pulpes
Je vis un troisième animal qui était un ver de terre mais un
 vouloir étrange animait la bête d'une longue étroitesse et
 il s'étirait sur le sol perdant et repoussant sans cesse des
 anneaux qu'on ne lui aurait jamais cru la force de porter
 et qui se poussaient entre eux la vie très vite comme un
 mot de passe très obscène

Alors ma parole se déploya dans une clairière de paupières
 sommaires, velours sur lequel les étoiles les plus filantes
 allaitent leurs ânesses
le bariolage sauta livré par les veines d'une géante nocturne
ô la maison bâtie sur roc la femme glaçon du lit la catas-
 trophe perdue comme une aiguille dans une botte de foin
une pluie d'onyx tomba et de sceaux brisés sur un monticule
 dont aucun prêtre d'aucune religion n'a jamais cité le nom
 et dont l'effet ne peut se comparer qu'aux coups de fouet
 d'une étoile sur la croupe d'une planète
sur la gauche délaissant les étoiles disposer le vever de leurs
 nombres les nuages ancrer dans nulle mer leurs récifs le
 cœur noir blotti dans le cœur de l'orage

nous fondîmes sur demain avec dans nos poches le coup de couteau très violent du soleil dans le dos des villes surprises.

*(Soleil cou coupé.)*

## *Couteaux midi.*

Quand les Nègres font la Révolution ils commencent par arracher du Champ de Mars des arbres géants qu'ils lancent à la face du ciel comme des aboiements et qui couchent dans le plus chaud de l'air de purs courants d'oiseaux frais où ils tirent à blanc. Ils tirent à blanc ? Oui ma foi parce que le blanc est la juste force controversée du noir qu'ils portent dans le cœur et qui ne cesse de conspirer dans les petits hexagones trop bien faits de leurs pores. Les coups de feu blancs plantent alors dans le ciel des belles de nuit qui ne sont pas sans rapport avec les cornettes des sœurs de Saint-Joseph de Cluny qu'elles lessivent sous les espèces de midi dans la jubilation solaire du savon tropical. Midi ? Oui, Midi qui disperse dans le ciel la ouate trop complaisante qui capitonne mes paroles et où mes cris se prennent. Midi ? Oui, Midi amande de la nuit et langue entre mes crocs de poivre. Midi ? Oui, Midi qui porte sur son dos de galeux et de vitrier toute la sensibilité qui compte de la haine et des ruines. Midi ? pardieu Midi qui après s'être recueilli sur mes lèvres le temps d'un blasphème et aux limites cathédrales de l'oisiveté met sur toutes les lignes de toutes les mains les trains que la repentance gardait en réserve dans les coffres-forts du temps sévère. Midi ? Oui, Midi somptueux qui de ce monde m'absente.

Oh tyrannique et épanoui aux pieds d'écume orageuse et de
   vent et ton drapeau de guenilles claquant pour les heures
   gaspillées pour les jeux abandonnés pour les corbeaux
   présents pour les serpents futurs
filao filao
bien sûr que j'ai une gueule de mandragore
que son nom répond au mien

que son cri est le mien quand on m'a tiré du ventre phosphorescent de ma mère
bien sûr que mon crachat est mortel à certains
plus et mieux que l'ellébore varaire
bien sûr que j'ai plus de mépris qu'une graine de pissenlit et plus de pudeur que le cirse des bois qui n'accomplit le fruit de sa copulation qu'entre ciel et terre

Mais filao filao pourquoi filao
en tout cas en ton nom filao je crache à ton visage santa maria
filao
filao
en tout cas je crache au visage des affameurs au visage des insulteurs au visage des paraschites et des éventreurs
filao
filao
Mon monde est doux
doux comme l'hièble
doux comme le verre de catastrophe
doux comme le parfum d'une étoffe rouge sur la respiration bruyante d'une peau noire
doux comme la houppelande faite de plumes d'oiseau que la vengeance vêt après le crime
doux comme la démarche sûre et calomniée de l'aveugle
doux comme le salut des petites vagues surprises en jupes dans les chambres du mancenillier
doux comme un fleuve de mandibules et la paupière du perroquet
doux comme une pluie de cendre emperlée de petits feux
filao
oh
filao
debout dans mes blessures où mon sang bat contre les fûts du naufrage des cadavres de chiens crevés d'où fusent des colibris je tiens mon pacte
un jour pour nos pieds fraternels
un jour pour nos mains sans rancunes
un jour pour nos souffles sans méfiance
un jour pour nos faces sans vergogne

Et les Nègres vont cherchant dans la poussière — à leur oreille
   à pleins poumons les pierres précieuses chantant — les
   échardes dont on fait le mica dont on fait les lunes et l'ardoise
   lamelleuse dont les sorciers font l'intime férocité des étoiles.

*(Soleil cou coupé.)*

## *Ex-voto pour un naufrage.*

Hélé hélélé le Roi est un grand roi
que sa majesté daigne regarder dans mon anus pour voir s'il
   contient des diamants
que sa majesté daigne explorer ma bouche pour voir combien
   elle contient de carats
tam-tam ris
tam-tam ris
je porte la litière du roi
j'étends le tapis du roi
je suis le tapis du roi
je porte les écrouelles du roi
je suis le parasol du roi
riez riez tam-tams des kraals
tam-tams des mines qui riez sous cape
tam-tams sacrés qui riez à la barbe des missionnaires de vos
   dents de rat et d'hyène
tam-tams de salut qui vous foutez de toutes les armées du salut
tam-tams de la forêt
         tam-tams du désert
         noire encore vierge que chaque pierre murmure
à l'insu du désastre — ma fièvre
tam-tam pleure
tam-tam pleure
tam-tam bas
tam-tam bas
brûlé jusqu'au fougueux silence de nos pleurs sans rivage
tam-tam bas
         plus bas oreille considérable

(les oreilles rouges — les oreilles — loin ont la fatigue vite)
tam-tam bas
roulez bas rien qu'un temps de bille pour les oreilles loin
    sans parole sans fin sans astre
le pur temps de charbon de nos longues affres majeures
roulez roulez lourds roulez bas tam-tams délires sans vocable
lions roux sans crinière défilés de la soif puanteurs des marigots
    le soir
tam-tams qui protégez mes trois âmes mon cerveau mon cœur
    mon foie
tam-tams durs qui très haut maintenez ma demeure
d'eau de vent d'iode d'étoiles
sur le roc foudroyé de ma tête noire
et toi tam-tam frère pour qui il m'arrive de garder tout le
    long du jour un mot tour à tour chaud et frais dans ma bou-
    che comme le goût peu connu de la vengeance
tam-tams de Kalaari
tam-tams de Bonne Espérance qui coiffez le cap de vos menaces
O tam-tam du Zululand
Tam-tam de Chaka
tam tam tam
tam tam tam
Roi nos montagnes sont des cavales en rut saisies en pleine
    convulsion de mauvais sang
Roi nos plaines sont des rivières qu'impatientent les fourni-
    tures de pourritures montées de la mer et de vos caravelles
Roi nos pierres sont des lampes ardentes d'une espérance
    veuve de dragon
Roi nos arbres sont la forme déployée que prend une flamme
    trop grosse pour notre cœur trop faible pour un donjon
Riez riez donc tam-tams de Cafrerie
comme le beau point d'interrogation du scorpion
dessiné au pollen sur le tableau du ciel et de nos cervelles à
    minuit
comme un frisson de reptile marin charmé par la pensée du
    mauvais temps
du petit rire renversé de la mer dans les hublots très beaux du
    naufrage

*(Soleil cou coupé.)*

## *A l'Afrique.*

*A Wifredo Lam*

Paysan frappe le sol de ta daba
dans le sol il y a une hâte que la syllabe de l'événement ne dénoue pas
je me souviens de la fameuse peste qui aura lieu en l'an 3000
il n'y avait pas eu d'étoile annoncière
mais seulement la terre en un flot sans galet pétrissant l'espace
un pain d'herbe et de réclusion
frappe paysan frappe
le premier jour les oiseaux mourront
le second jour les poissons échouèrent
le troisième jour les animaux sortirent des bois
et faisaient aux villes une grande ceinture chaude très forte
frappe le sol de ta daba
il y a dans le sol la carte des transmutations et des ruses de la mort
le quatrième jour la végétation se fana
et tout tourna à l'aigre de l'agave à l'acacia
en aigrettes en orgues végétales
ou le vent épineux jouait des flûtes et des odeurs tranchantes
Frappe paysan frappe
il naît au ciel des fenêtres qui sont mes yeux giclés
et dont la herse dans ma poitrine fait le rempart d'une ville
qui refuse de donner la passe aux muletiers de la désespérance
Frappe le sol de ta daba
il y a les eaux élémentaires qui chantent dans les virages du circuit magnétique l'éclosion des petits souliers de la terre attente passementerie de lamproies j'attends d'une attente vulnéraire une campagne qui naîtra aux oreilles de ma compagne et verdira à son sexe
le ventre de ma compagne c'est le coup de tonnerre du beau temps
les cuisses de ma compagne jouent les arbres tombés le long de sa démarche
il y a au pied de nos châteaux-de-fée pour la rencontre du sang et du paysage la salle de bal où des nains braquant

leurs miroirs écoutent dans les plis de la pierre ou du sel
croître le sexe du regard
paysan pour que débouche de la tête de la montagne celle que
blesse le vent
pour que tiédisse dans sa gorge une gorgée de cloches
qui se parfilent en corbeaux en jupes en perceuses d'isthmes
pour que ma vague se dévore en sa vague et nous ramène
sur le sable en noyés de goyaves déchirés en une main d'épure
en belles algues en graine volante en bulle en souvenance
en arbre précatoire
soit ton geste une vague qui hurle et se reprend vers le creux
de rocs aimés comme pour parfaire une île rebelle à naître
il y a dans le sol demain un scrupule et la parole à charger
aussi bien que le silence
et j'emmerde ceux qui ne comprennent pas qu'il n'est pas beau
de louer l'éternel et de célébrer ton nom ô Très-Haut
car tu n'as ni la force luisante du buffle ni la science mathématique de l'ibis ni la patience du nègre
et la bouse de vache que tu roules avec moins d'adresse que le
scarabée le cède en luxe aux mots noués sous ma langue

Éternel je ne pense pas à toi ni à tes chauves-souris
mais je pense à Ishtar mal défendue par la meute friable de
ses robes que chaque parole zéro des luettes plus bas vers
où feignent de dormir les métaux avec leur face encline
et les serpents qui balancent au fond de nos exils des cheveux
de sycomore en chiffre d'ombre et de connaissance

Paysan le vent où glissent des carènes arrête autour de mon
visage la main lointaine d'un songe
ton champ dans son saccage éclate debout de monstres marins
que je n'ai garde d'écarter
et mon geste est pur autant qu'un front d'oubli

Frappe paysan je suis ton fils
à l'heure du soleil qui se couche le crépuscule sous ma paupière
clapote vert jaune et tiède d'iguanes inassoupis
mais la belle autruche courrière qui subitement naît des formes émues de la femme me fait de l'avenir les signes de
l'amitié.

*(Soleil cou coupé.)*

# GUADELOUPE

# Guy TIROLIEN

## né en 1917 à Pointe-à-Pitre.

Études secondaires au lycée de Pointe-à-Pitre.

Esprit curieux, tempérament généreux, Guy Tirolien se jeta dans la bataille culturelle du « Nègre nouveau » avant même d'avoir touché la terre d'Afrique.

On peut beaucoup attendre de lui pourvu qu'il veuille se discipliner. Les poèmes que voici nous font souhaiter qu'il continue d'écrire.

## *Prière d'un petit enfant nègre.*

Seigneur je suis très fatigué.
Je suis né fatigué.
Et j'ai beaucoup marché depuis le chant du coq
Et le morne est bien haut qui mène à leur école.
Seigneur, je ne veux plus aller à leur école,
Faites, je vous en prie, que je n'y aille plus.
Je veux suivre mon père dans les ravines fraîches
Quand la nuit flotte encore dans le mystère des bois
Où glissent les esprits que l'aube vient chasser.
Je veux aller pieds nus par les rouges sentiers
Que cuisent les flammes de midi,
Je veux dormir ma sieste au pied des lourds manguiers,
Je veux me réveiller
Lorsque là-bas mugit la sirène des blancs
Et que l'Usine
Sur l'océan des cannes
Comme un bateau ancré
Vomit dans la campagne son équipage nègre...
Seigneur, je ne veux plus aller à leur école,
Faites, je vous en prie, que je n'y aille plus.
Ils racontent qu'il faut qu'un petit nègre y aille
Pour qu'il devienne pareil
Aux messieurs de la ville
Aux messieurs comme il faut.
Mais moi je ne veux pas
Devenir, comme ils disent,
Un monsieur de la ville,
Un monsieur comme il faut.
Je préfère flâner le long des sucreries
Où sont les sacs repus
Que gonfle un sucre brun autant que ma peau brune.

Je préfère vers l'heure où la lune amoureuse
Parle bas à l'oreille des cocotiers penchés
Écouter ce que dit dans la nuit
La voix cassée d'un vieux qui raconte en fumant
Les histoires de Zamba et de compère Lapin
Et bien d'autres choses encore
Qui ne sont pas dans les livres.
Les nègres, vous le savez, n'ont que trop travaillé.
Pourquoi faut-il de plus apprendre dans des livres
Qui nous parlent de choses qui ne sont point d'ici ?
Et puis elle est vraiment trop triste leur école,
Triste comme
Ces messieurs de la ville,
Ces messieurs comme il faut
Qui ne savent plus danser le soir au clair de lune
Qui ne savent plus marcher sur la chair de leurs pieds
Qui ne savent plus conter les contes aux veillées.
Seigneur, je ne veux plus aller à leur école.

(1943.)

## L'âme du noir pays.

Tes seins de satin noir rebondis et luisants
tes bras souples et longs dont le lissé ondule
ce blanc sourire
des yeux
dans l'ombre du visage
éveillent en moi ce soir
les rythmes sourds
les mains frappées
les lentes mélopées
dont s'enivrent là-bas au pays de Guinée
nos sœurs
noires et nues
et font lever en moi
ce soir
des crépuscules nègres lourds d'un sensuel émoi

car
l'âme du noir pays où dorment les anciens
vit et parle
ce soir
en la force inquiète le long de tes reins creux
en l'indolente allure d'une démarche fière
qui laisse quand tu vas
traîner après tes pas
le fauve appel des nuits
que dilate et qu'emplit
l'immense pulsation des tam-tams en fièvre
car
en ta voix surtout
ta voix au timbre nostalgique
ta voix qui se souvient
vibre et pleure
ce soir
l'âme du noir pays où dorment les anciens.

(1943.)

## *Variation sur un thème de souffrance (vécue).*

Entre les feuillets de mon livre, le temps conte et conte, fleuve
                                        [de patience
qui m'emporte sans que j'avance.
L'éternité est dans la transparence pourpre de ce rossi
que je n'ose pas toucher.
Et je m'enfonce dans la profondeur de mon amertume, comme
                                        [fait l'explorateur
dans la solitude sans espoir des neiges inviolées.
Sur l'horizon vitré de mon ennui passe, comète chauve et
                                        [narquoise,
la tête du garçon :
« Encore un rossi pou monsieur ? »

Je pense à toi que l'impatience doit nouer là-bas sur quelque
[quai de gare,
Et ma nervosité se cogne la tête aux murs de cet étroit café,
trop étroit pour contenir l'ampleur de mon inquiétude.
Quel miracle me fera tout à l'heure doucement échouer
sur la blanche plage de ton ventre
ou mollement reposer sous l'azur souriant de tes yeux ?

Mais voilà que soudain mon regard bute sur la jaseuse insou-
[ciance d'un couple.
Voilà que ton sourire — celui que tu n'as que pour moi —
se pose caressant sur des lèvres qui parlent,
qui parlent trop près des tiennes
et dans le ciel perfide de tes yeux, nulle réponse au cri muet de
[mon angoisse.

Depuis, tu sais le reste.
Un autre que moi et que je désavoue agit et parle.
T'en voudrai-je
d'avoir livré à des doigts sans esprit
dans l'ombre d'un cinéma de rencontre
le miracle d'un corps vêtu de ma ferveur ?

(1943.)

## *Paroles sans suite.*

Est-ce ivresse déjà que vos rhums m'ont versée
ou si c'est la magie du pays retrouvé
voici gronder en moi
sourdement
sourdement
les vieux volcans de mon passé
et voici s'épanouir
pâles fleurs explosant parmi la paix du soir
tous les fantômes qui furent moi...
C'est ici qu'une erreur guida leurs caravelles
et que beaucoup moururent sous les mancenilliers
d'avoir voulu goûter à la douceur des fruits.

L'or qu'ils venaient chercher ils ne l'ont pas trouvé
mais moi je suis venu pour faire pousser de l'or
je ne me rappelle plus d'où
un jour je suis venu pour faire pousser de l'or
je ne me rappelle plus quand
et dès le pur matin sifflait le vol des fouets
et le soleil buvait la sueur de mon sang.

(1945.)

# Paul NIGER

*né en 1917 à Basse-Terre.*

Études secondaires à Basse-Terre.
C'est au Quartier Latin que Paul NIGER rencontra Guy TIROLIEN avec qui il ne tarda pas à lier amitié. Ce n'est pas que les deux jeunes gens n'eussent des tempéraments différents. Mais ils avaient entendu le message des LERO, DAMAS et CÉSAIRE. Ils faisaient mieux, ils voulaient le repenser et l'illustrer.

Paul NIGER est — avec René MARAN et Lionel ATTULY — de ces Antillais qui ne se sont révélés, parce que épanouis, qu'au contact de l'Afrique-Mère. Il nous en a rapporté quelques poèmes violents et tendres à la fois comme la terre ancestrale. Déjà il s'affirme maître de sa langue.

## *Petit oiseau qui me moquais*
### *ou*
## le paternalisme.

Petit oiseau qui m'enchantes
Je t'écoute de ma fenêtre
Tu as construit ton nid au profond des halliers
Au prix d'efforts quels ! je n'ose me le demander
Petit oiseau qui m'enchantes
Je t'écoute de ma fenêtre

Petit oiseau qui me chantes
L'amour du pays natal
Je te porterai à manger les graines que je choisirai
Et qu'il te plaira croquer
Petit oiseau qui me chantes
L'amour du pays natal.

Petit oiseau qui m'amuses
Je t'enseignerai la musique
Et toutes phrases que tu diras
Tu les auras apprises de moi
Petit oiseau qui m'amuses
Je t'enseignerai la musique.

Petit oiseau qui te tourmentes
Je consolerai tes chagrins
Et t'apprendrai la vraie sagesse
La sagesse de mes anciens
Petit oiseau qui te tourmentes
Je consolerai tes chagrins.

Petit oiseau qui te désoles
D'être seul, seul au monde
Je te trouverai une compagne
Une compagne selon ton cœur
Petit oiseau qui te désoles
D'être seul, seul au monde.

Petit oiseau qui ne sais rire
Je t'apprendrai mon ironie
Car je ne veux pas qu'on dise de toi
Que tu es balourd, balourd comme un qui
Ne comprend pas l'ironie
Petit oiseau qui ne sais rire
Je t'apprendrai mon ironie.

Petit oiseau qui me moquais
Malgré le vœu d'obéissance
Que je pensais te voir former
A mon égard, fils et petit-fils d'ingrats !
Petit oiseau qui me raillais
J'ai dû te tordre le cou.

(1944.)

## *Je n'aime pas l'Afrique.*

« J'aime ce pays, disait-il, on y trouve nourriture, obéissance, poulets à quatre sous, femmes à cent, et « bien Missié » pour pas plus cher.

Le seul problème, ajoutait-il, ce sont les anciens tirailleurs et les métis et les lettrés qui discutent les ordres et veulent se faire élire chefs de village. »

Moi, je n'aime pas cette Afrique-là.

L'Afrique des « naya »[1]
L'Afrique des « makou »[2]
L'Afrique des « a bana »[3]

---

1. « Ici » — 2. « Silence. » — 3. « Terminé. »

L'Afrique des yesmen et des beni — oui — oui.
L'Afrique des hommes couchés attendant comme une grâce le réveil de la botte.
L'Afrique des boubous flottant comme des drapeaux de capitulation de la dysenterie, de la peste, de la fièvre jaune et des chiques (pour ne pas dire de la chicotte).
L'Afrique de « l'homme du Niger », l'Afrique des plaines désolées.
Labourées d'un soleil homicide, l'Afrique des pagnes obscènes et des muscles noués par l'effort du travail forcé.
L'Afrique des négresses servant l'alcool d'oubli sur le plateau de leurs lèvres.
L'Afrique des boys suceurs, des maîtresses de douze ans, des seins au balancement rythmé de papayes trop mûres et des ventres ronds comme une calebasse en saison sèche.
L'Afrique des Paul MORAND et des André DEMAISON.

Je n'aime pas cette Afrique-là.

Dieu, un jour descendu sur la terre, fut désolé de l'attitude des créatures envers la création. Il ordonna le déluge, et germa, de la terre ressurgie, une semence nouvelle.
L'arche peupla le monde et lentement
Lentement
L'humanité monta des âges sans lumière aux âges sans repos.

Il avait oublié l'Afrique.

Christ racheta l'homme mauvais et bâtit son Église à Rome.
Sa voix fut entendue dans le désert. L'Église sur la Société, la Société sur l'Église, l'une portant l'autre
Fondèrent la civilisation où les hommes, dociles à l'antique sagesse, pour apaiser les anciens dieux, pas morts
Immolèrent tous les dix ans quelques millions de victimes.

Il avait oublié l'Afrique.

Mais quand on s'aperçut qu'une race (d'hommes ?)
Devait encore à Dieu son tribut de sang noir, on lui fit un rappel.

Elle solda.
Et solde encore, et lorsqu'elle demanda sa place au sein de l'œcumène, on lui désigna quelques bancs. Elle s'assit. Et s'endormit.

Jésus étendit les mains sur ces têtes frisées, et les nègres furent sauvés.

Pas ici-bas, bien sûr.

Mais le royaume du ciel aux simples étant ouvert, ils y entrèrent en foule, et la Parole rapporte que, pour achever le miracle et laver pour toujours les noirs de l'originel péché, ils sont là-haut transformés en blancs, pour quoi l'on ne voit pas (sauf dans les films américains) d'anges ni de saints noirs.

Et c'est depuis ce temps que, semblable aux orties, la race nègre encombre les moissons d'âmes.

Et pousse ses surgeons partout où quelque faux s'apprête à séparer la vie de la terre étrangère

Partout
où des pécheurs doivent être sauvés et des grâces rendues
Partout
où le sang de l'homme doit racheter les faiblesses de la chair de l'homme
Partout où il faut peiner
Partout bêcher
Partout où la sueur et le sang ont fondé les sept piliers
Là où l'on meurt
Là où l'on tue
Danse, comme un feu follet aux flancs d'un morne vert
Là où il faut que soient pour le rythme du monde des bottes cirées et des ascenseurs proférés
Comme une prière au ciel.

Et Dieu dit : « C'est bien !

Car pour être une race de feignants, ça, c'est une race de feignants.
Je leur en foutrai, moi, la paix nazaréenne
Jusqu'à ce qu'ils en crèvent.

Et je leur en mettrai, moi, des croix dans le derrière,
des blanches
des rouges
des bleues et des trois couleurs ensemble pour n'en pas oublier
des en pierre
des en bois
des romaines, des gammées, des lorraines jusqu'à ce qu'ils en voient des étoiles.

Et les ferai monter par des sentiers arides jusqu'à la porte étroite
Et les laisserai dehors pour qu'ils blanchissent au soleil
Et ceux qui ne seront pas dignes d'être élus, je m'en vais les commettre à Mahomet ».
Et Balthazar
Et Melchior dirent : « C'est bien, que votre volonté soit faite et non la nôtre et pour l'éternité. »

Et voici : Mélanie, la vieille bonne, tous les matins que Dieu fait, s'en va, clopinant, porter son petit cierge sur l'autel de ses péchés rédimés, prier pour le salut de l'âme de ses frères inconscients, et que règne la paix sur la terre des hommes.

Mais, moi, je n'aime pas cette Afrique-là.

L'Afrique des scorpions blancs mordant leur queue de sable
L'Afrique de la brousse étalée en une houle épithéliale
L'Afrique à la terre ocre du sang des martyrs délavés
L'Afrique de la barre ceinte ainsi qu'un pendu qui fermente
Pour punir le crime de viol de la corde et des fagots
L'Afrique recroquevillée en souffrances non feintes
L'Afrique des plaines où poussent les seuls obis de mon enfance
L'Afrique des cactées boxant les baobabs rasés de près
L'Afrique des deux justices et d'un seul crime.

Non, je n'aime pas cette Afrique-là.

Et c'est à moi maintenant d'interroger :
Que répondras-tu à ton Dieu au jour du Jugement

Quand il te demandera : « Qu'as-tu fait de mon peuple ?

J'ai confié des hommes à des hommes pour leur enseigner l'amour, et voici que l'écume de haine a mordu comme acide sur la terre.

As-tu fait paître mon troupeau l'herbe dure des sommets ?

J'ai voulu une terre où les hommes soient hommes
et non loups
et non brebis
et non serpents
et non caméléons.

J'ai voulu une terre où la terre soit nourricière où la semence soit semence
où la moisson soit faite avec la faux de l'âme
une terre de Rédemption et non de Pénitence
un sol de tiges vertes et de troncs droits où l'homme porte sans faiblir la gravité des étoiles.

Es-tu digne de laver les pieds nus de mon peuple ?

Réponds ! »

Que lui répondras-tu, et lui répondras-tu ?

Dans quelle ombre herbeuse cacheras-tu les pieds, les pieds gras du lépreux que tu n'as pas touchés
Et les ventres des femmes que tu n'as pas aimées mais violées ?
Dans quel fleuve, dans quelle mer laveras-tu le sang noir du fiévreux que tu n'as pas guéri ?
Dans quel lit, dans quels draps berceras-tu les songes du sommeilleux séchant aux caves de l'oubli ?

Ah ! mains tordues du baobab s'agrippant aux nuages et le lion extirpant une réponse à la biche !
Que diras-tu de ceux qui ne savent pas l'alphabet de la vie ?
Ainsi que morts voguant à la face des eaux
Que diras-tu à ceux qui par ta faute ont bu tous les mirages de l'esprit ?

Car c'est à moi maintenant d'interroger.
Que me répondras-tu, ce soir, où j'ai pu voir les ombres de la nuit autour de moi rôder ainsi que ceux qui ne doivent pas voir le jour ?

... Oui, pour venir ici, j'ai longtemps fréquenté le serpent nu des sables en fuite vers ailleurs.

L'amour avait construit des stalactites d'or dans les avenues de mon cœur.

Le tropique soufflant aux gorges de mon être, fondaient
Fondaient les fraîches reliques du passé
Et j'inventais toujours d'autres palétuviers...

Je voyais dans ses plaines, je lisais dans ses sables que l'Afrique voulait être une terre de grandeur
Je voyais dans ses hommes, je lisais dans ses villes que l'on en avait fait une terre de misère.

Et puis j'ai dû marcher sur la cendre des cases
Et puis j'ai dû gémir sur le ventre des femmes
Et puis j'ai dû coucher sur la terre étrangère, la terre qui fut mienne.

Une troupe de morts se levait parmi tout pour lacérer ma veste et maudire mon nom
Et j'ai dû écarter ces fantômes naïfs
Et puis j'ai dû gratter l'écorce de leur vie, chercher dans les puits noirs où gît la claire hérédité le long frémissement de la houle essentielle, et toujours cette quête qui dévorait mon sang...

Car, je les entendais, hélas ! m'interroger. Mon Dieu, répondras-tu pour moi et leur parleras-tu ?

O Dieu, qui fus mon Dieu !

Ces âmes vives là-bas ont glissé dans la vie leurs dents rêches, là-bas ont mordu dans tes fruits et le ver du péché, locataire de leur chair, creuse, en sournois efforts, des galeries dans leur os où j'entends résonner le rire obscène de Satan.

Tu baisses tes paupières, tu te drapes de brumes, toi complice ? et voleur d'âmes ?

Tu me laisses aujourd'hui t'insulter sans vengeance.

C'est donc vrai, sinon tue-moi !

Tu peux m'enjoindre de prier, tu peux me voler ma parole,

tu peux m'ordonner d'espérer, tu ne peux m'empêcher de mourir ni de vomir mon impuissance devant ta face blême.
L'odeur de mes tripes te fait tourner la tête, dis ?
Mais tu ne peux laver tes mains de mon sang vert, car j'ignore ton nom et dresse mes autels à un Dieu inconnu encore...
Écoute : le tam-tam s'est tu ; le sorcier peut-être a livré son secret
Le vent chaud des savanes apporte son message.
L'hippocampe déjà m'a fait un signe de silence.

L'Afrique va parler.

Car c'est à elle maintenant d'exiger :

« J'ai voulu une terre où les hommes soient hommes
et non loups
et non brebis
et non serpents
et non caméléons.

J'ai voulu une terre où la terre soit terre
Où la semence soit semence
Où la moisson soit faite avec la faux de l'âme, une terre de Rédemption et non de Pénitence, une terre d'Afrique.
Des siècles de souffrance ont aiguisé ma langue
J'ai appris à compter en gouttes de mon sang, et je reprends les dits des généreux prophètes
Je veux que sur mon sol de tiges vertes l'homme droit porte enfin la gravité du ciel. »

Et ne lui réponds pas, il n'en est plus besoin, écoute ce pays en verve supplétoire, contemple tout ce peuple en marche promissoire, l'Afrique se dressant à la face des hommes sans haine, sans reproches, qui ne réclame plus mais affirme.
Il est encore des bancs dans l'Église de Dieu
Il est des pages blanches aux livres des Prophètes.
Aimes-tu l'aventure, ami ? Alors regarde
Un continent s'émeut, une race s'éveille
Un murmure d'esprit fait frissonner les feuilles
Tout un rythme nouveau va térébrer le monde
Une teinte inédite peuplera l'arc-en-ciel

Une tête dressée va provoquer la foudre.

L'Afrique va parler.

L'Afrique d'une seule justice et d'un seul crime
Le crime contre Dieu, le crime contre les hommes
Le crime de lèse-Afrique
Le crime contre ceux qui portent quelque chose.

Quoi ?

un rythme
une onde dans la nuit à travers les forêts, rien — ou une âme nouvelle
un timbre
une intonation
une vigueur
un dilatement
une vibration qui par degrés dans la moelle déflue, révulse dans sa marche un vieux cœur endormi, lui prend la taille et vrille
et tourne
et vibre encore, dans les mains, dans les reins, le sexe, les cuisses et le vagin, descend plus bas
fait claquer les genoux, l'article des chevilles, l'adhérence des pieds, ah ! cette frénésie qui me suinte du ciel.
Mais aussi, ô ami, une fierté nouvelle qui désigne à nos yeux le peuple du désert, un courage sans prix, une âme sans demande, un geste sans secousse dans une chair sans fatigue.

Tâter à ma naissance le muscle délivré et refaire les marches des premiers conquérants
Immense verdoiement d'une joie sans éclats
Intense remuement d'une peine sans larmes
Initiation subtile d'un monde parachevé dans l'explosion d'or des cases, voilà, voilà le sort de nos âmes chercheuses, et vous voulez encor vous épargner tout ça ?

Allons, la nuit déjà achève sa cadence
J'entends chanter la sève au cœur du flamboyant...

(1944.)

## *Lune.*

Sur la paume des papayers, à l'aisselle nue des bancouliers, pèse la fluence de la lune, et les grands arbres noirs ordonnancent l'ombre au flanc des routes d'avenir. Un concile de moustiques hallucinés, irritant les buissons hantés de brume très lucide, émet incessamment ses ordres de recettes, et tremble le brochet d'argent, au fond du ciel palustre, à cette indiscrète présence... Et mon cœur convulsif, trahi par tout ce mercure pâle coulant au plat de cette Afrique, dirai-je aujourd'hui même mes grandes souffrances d'ailleurs ? Le frémissement d'angoisse bleue qui fréquentait mon sein à cette transparence d'yeux où je couvais l'absence ; l'intensité, la vanité de ma créance où tu lassas ta force espoir, et cette solitude par après, nul ne les a connus — nul — ni elle...

*\**
\* \*

C'est ma gauche qui est atteinte par ta lance implacable, ô lune, qui m'assièges dans mon redan. En vain les volets offusqués ont-ils levé leurs doigts tremblants à travers quoi flue, à la mode d'un rêve, une manne de pièces d'or ; et passe encor sous ma croisée l'étrange fantôme des ruines, somnambule, qui enlève par deux fois sa belle aux gazes d'adieux. Lune à ma fenêtre, par quelle chatière as-tu passé que tu en gardes la figure ? Sur le fronton de ton palais, n'as-tu pas gravé amour pour qui t'aime, folie pour qui t'ignore ? ô lune de corniche, la gâche n'est pas solide au chambranle des portes, qui t'interdise l'entrée. L'une de cimaise, va, monte comme d'envie le long de mes lambris, retombe, en nappes déchues, au manteau de l'épaule et oins-moi contre la mort, comme fit de Siegfried le dragon.

Lune qui baignas les marches des Propylées, lune de Périclès, lune de Praxitèle, lune d'égalité qui éclairas la course de Grand Khan sur l'épiderme des steppes glacées, te voilà visitant le pays des lagunes. Viens-tu me signifier souvenance de mon sang, de mon rang, pauvre égaré de soleil cuit, prisé des vers et des moustiques adulé ? Ou si tu nous proposes l'unité des sphères, relais par quoi nous chutent les transcendantes harmonies, lune qui pleuras le veuvage d'Isis mais contemplas, impavide, la fuite éperdue des galères d'Actium, lune de Cléopâtre et lune des Lagides... ?

*<br>* *

... Et tout à coup l'explosion de la Pelée ; une boule de feu, prenant parti de nier la pesanteur et retombant en hémistiches foireux comme une stance post-racinienne ; et moi, au creux du morne de l'autre île, dans une case de bois du Nord, exigeant comme un insecte en sa fiance... Pourquoi n'ai-je pas crié quand il en était l'heure, pourquoi n'ai-je pas chanté quand il en était l'aube ? qui me délivrera du poids des parchemins qui n'ont jamais dit que mensonges ? Les légendes sont fausses qui m'ont calomnié et l'histoire qui dit que j'ai tout accepté et que se résolvaient en danses de rhum bu, en chants de voix d'ivrognes, les méfaits de la bride au chanfrein et de la cravache sur la croupe. Oui j'ai crié, oui j'ai chanté et j'ai saigné aussi et je tiendrai un jour, homme de haute entreprise, un jour souci de rapporter mes refus, mes révoltes et mes chants d'allégresse, mes cris de mort et mes hurlements de guerre — car j'ai souvent quitté la case de mes maîtres pour fonder la cité dictée par mes ancêtres, ô Bochs, ô Saramakas, et plus souventes fois encor ai-je ânonné les trois syllabes. Il faut rire de Soulouque mais n'ignorer Capra-la-mort qui donna trois fois l'assaut à la Crête-à-Pierrot, et furent tués trois chevaux sous lui, et la quatrième fois l'emporta ; et Delgrès de Saint-Charles, le plus pur de mes frères, mon maître et mon idole, l'homme entre les hommes et le père de mes pairs ; et la redoute qui saute avec la liberté ; et Toussaint dont le Corse eut raison par la seule ruse ; et la statue de Joséphine l'esclavagiste dont je dis bien qu'elle sautera quelque jour...

*<br>* *

... Maintenant la lune, aggravée, sur mon toit. La paix du ciel est sur la terre. Quels sont ces hiéroglyphes cursifs qui

soudain naissent entre mes doigts ? C'est la parole de Schœlcher
à Mortenol le laid, le petit, le bancal, Mortenol, celui qui eut
zéro en gymnastique (et l'on me dit pourtant que c'est une
race de singes), et Schœlcher disait : « Vous êtes ma conscience
et la raison de ma vie. Courage. » Et Mortenol eut courage
jusqu'au moment où il comprit... ô lune d'égalité...

\*\*\*

Lune qui poudroies sous les pieds des danseuses d'Abomey
et sur les cérémonies du culte des ancêtres tu m'as levé, ce
soir, au tréfonds de tristesse. Car les hommes, de quelque temps,
me disent des choses tristes. Ils disent, les hommes, que les
héros même sont de toc et ceux qui sont de marbre dur, nul
ne les connaît. Et il y a longtemps qu'ils le disent... Mais il
y a peu que je le sais... C'était une nuit lunaire comme celle-ci,
le fleuve en face, et par-delà l'ennemi. Avez-vous quelquefois
passé une nuit de lune mouillée, sous l'eau, en trou de sable
avec les ongles creusé ?... L'attaque, et bientôt, la fuite...
des autres qui furent cités comme héros. Un seul s'accrocha,
un seul rampa non en tournant le dos à, mais vers, l'ennemi.
Si vous allez un jour à Châteauneuf-sur-Loire, à la dextre du
pont, semez à terre quelques fleurs. C'est là qu'il a trouvé la
mort...

\*\*\*

Lune de franchise, voici venu le temps des confessions.
Il me plairait avoir l'une ou l'autre grandeur : l'autorité des
mandarins de pierre au seuil du tombeau des Ming ou le sou-
rire désabusé du vieux Bouddha de bronze. Pourtant, cette
impatience que je me sens aux dents, est-ce d'avoir subi depuis
longtemps le mors ?...

C'est mon flanc droit qui est atteint par ton invasion d'acide
clair, ô lune de mon jardin. J'entends, j'entends déjà la mor-
sure des manians au bras des filaos. Qu'elles sont loin aujour-
d'hui mes transes hiémales d'hier ! J'écoute, j'écoute monter
le flux multiple du termite dans mes planches de rocco, et je
vois des hibiscus l'accusation mauve d'avoir tourné la tête à
leurs avances foliacées...

Nul hiatus dans ma phrase depuis les premiers dits de mes anciens. Nulle sourdine dans mes cris depuis les notes cuivrées de la trompette d'Armstrong qui sera, je le sais, au jour du Jugement, l'interprète des douleurs de l'homme. Ni tête de nègre aux sabords, nul orteil aux haubans, mais ce murmure confus dans la cale chaude et ce cri d'homme pendu au mât d'artimon qui ne dit rien qui vaille... Mais moi, je veux monter dans le grand mât et plus haut que la lune, la grand'voile larguée et brassés les espars, je veux ouvrir les yeux dans la chambre de veille (« Filez la brigantine et filez le hunier ») et commander aux pièces de perforation, aux pièces de chasse et de rupture. Ah ! Seigneur, donnez-moi la force et le courage de vivre pour qu'ils soient ce que je veux qu'ils soient. Grands !

*
* *

Heures chaudes après midi tant propices au rêve, habitées quelque instant par l'insistance d'une guêpe ambitieuse, ce n'est pas de merveille si j'aime vous chanter ; que pesez-vous, pourtant, au prix d'une lune pareille ? Le reflux, à cette heure, coule au pied des grands teks ; reverrai-je jamais le groupe de Carpeaux aux portes de l'Opéra et le fourmillement des mantes opalées ? Lune de hautbois et de flûtes ridée par toutes ondes de tam-tam vertes, que me voilà seul à présent, et, tel homme de guerre, sans vrais amis ! Ton règne, hélas ! ô lune de raison, va déchoir sur le monde démesuré mais, puisque, parcourus lagunes et déserts, te voilà maintenant aux bords occidentaux, dis-leur là-bas, que je veille...

*
* *

Et mon âme rechute en débauche d'espoir...

(1945.)

# HAÏTI

# Léon LALEAU

*né le 3 août 1892 à Port-au-Prince.*

Léon LALEAU a mené une double carrière d'homme de lettres et de diplomate. Chargé d'Affaires à Rome, Ministre de Haïti à Lima, à Santiago du Chili, puis à Londres, il a représenté son pays à diverses conférences panaméricaines. Il a également été membre du Gouvernement haïtien plus d'une fois.

Il mérite d'être cité ici comme l'un des meilleurs représentants des écrivains haïtiens qui, les premiers, exploitèrent la veine nègre. Il avait fallu la dure épreuve de l'Occupation — américaine — pour que cette révolution se fît.

On retrouve chez LALEAU ce badinage créole qui si longtemps fut le trait distinctif de la poésie des « Isles ». Sous la forme classique, percent souvent les pousses vertes des thèmes nègres. L'homme noir s'y présente, il est vrai, avec ses instincts les plus primitifs, dans une sorte de stylisation qui parfois le trahit. Il s'agit de marquer d'abord sa différence, et il n'était peut-être pas mauvais qu'on le fît dans un éclat un peu cru.

BIBLIOGRAPHIE : *A voix basse* (1920) — *La Flèche au cœur* (Éditions Parville, 1926) — *Le Rayon des Jupes* (Collection des Amis de Tristan Derème, 1929) — *Abréviations* (Librairie de France, 1929) — *Musique Nègre* (1931) — *Ondes courtes* (1933) — *Orchestre* (Éditions du Divan, 1937).

## *Trahison.*

Ce cœur obsédant, qui ne correspond
Pas à mon langage ou à mes costumes,
Et sur lequel mordent, comme un crampon,
Des sentiments d'emprunt et des coutumes
D'Europe, sentez-vous cette souffrance
Et ce désespoir à nul autre égal
D'apprivoiser, avec des mots de France,
Ce cœur qui m'est venu du Sénégal ?

## *Silhouette.*

La dame qui vient de Rotterdam,
En route pour sa saison à Cannes,
Songe, en arpentant le macadam,
Aux Antilles, à ses champs de cannes,
A sa cousine créole Ruth
Qui parle encor de ce pique-nique
Où ses chairs éprouvèrent le rut
D'un mulâtre de la Martinique.

## *Sacrifice.*

Sous le ciel, le tambour conique se lamente
    Et c'est l'âme même du Noir :
Spasmes lourds d'homme en rut, gluants sanglots d'amante
    Outrageant le calme du soir.

Des quinquets sont fixés aux coins de la tonnelle,
　　Comme des astres avilis.
L'ombre sue un parfum de citronnelle
　　Séchée à l'acajou des lits.

Et montent, par moments, du *houmfort* tutélaire,
　　Parmi des guirlandes d'encens,
Les bêlements du bouc qui, dans la brise, flaire
　　L'odeur prochaine de son sang.

## *Cannibale.*

Ce désir sauvage, certain jour,
De mêler du sang et des blessures
Aux gestes contractés de l'Amour
Et de percevoir, sous les morsures
Qui perpétuent le goût des baisers,
Les sanglots de l'amante, et ses râles...
Ah ! rudes désirs inapaisés
De mes noirs ancêtres cannibales...

## *Vaudou.*

Ton visage que le Temps rida
Est pointillé des roses stigmates
De l'Amour, et ton nez, Carida,
A la boursouflure des tomates.

Ton mari se nomme Gédéon
Et, bu son punch à la grenadine,
Il s'arme de son accordéon,
Le soir, et s'installe en sa dodine.

Ce sont alors ces airs de vaudou
Évocateurs des soirs où, prêtresse,
Tu sentais, venu l'on ne sait d'où,
Un dieu fou dans ta chair en détresse.

Tu dansais, tu dansais ardemment,
Les reins vifs, l'extase en ta prunelle.
Et des désirs sauvages d'amant
Glapissaient vers toi, sous la tonnelle.
Mais ce temps, Carida, s'est enfui,
Plus souple qu'un vol de tourterelles.
Et cette musique dans la nuit,
Comme les notes t'en sont cruelles !

# Jacques ROUMAIN

*né le 4 juin 1907 à Port-au-Prince,
mort le 18 août 1944.*

Jacques Roumain est incontestablement l'une des figures les plus attachantes de la littérature haïtienne du XX$^e$ siècle. C'est qu'il joignait, à une vaste culture, la diversité des dons. Il y ajoutait la foi et le courage du militant.

A vingt ans, il avait séjourné en Suisse, en Angleterre, en France, en Espagne. Mieux, il avait appris les langues de ces pays, surtout il s'était assimilé leurs cultures si diverses.

Mais celles-ci n'auront été que des instruments au service d'une passion lucide, la passion de Haïti et, au-delà de l'île magique et misérable, du peuple noir. Car Roumain fut un des fondateurs de la « Revue Indigène ». On sait que cette revue groupa bientôt les meilleurs des Haïtiens que l'Occupation avait réconciliés entre eux et avec eux-mêmes, avec leur négritude.

J'ai dit la diversité des dons de l'homme, fruits natifs d'une terre généreuse, fruits aussi de l'étude et de la culture. D'une culture où la formation scientifique égalait la formation littéraire. Ethnologue, conteur, poète, Roumain fit, de sa trop courte vie, une quête inquiète et une illustration rare de sa négritude.

Chez lui, comme chez Césaire, le politique complétait l'écrivain. C'est là d'ailleurs un phénomène assez courant aux peuples jeunes qui s'éveillent à la connaissance de leur personnalité profonde. Mais plus qu'un politique, Roumain fut un militant qui, pour la défense de sa cause, souffrit plus d'une fois la faim et la prison. Il y gagna d'élargir son horizon et de dilater son amour du peuple à la mesure du prolétariat mondial.

Conteur peut-être plus que poète, Roumain nous a laissé cependant nombre de poèmes « éparpillés dans les revues d'Amérique et d'Europe ». Des mains pieuses travaillent à les réunir dans deux recueils. Elles auront fait œuvre utile. Ces poèmes au souffle généreux sont parmi les plus beaux que j'aie lus de Haïti. Comme Césaire, avec qui il a tant de points communs, il a le don de transmutation, la vertu qui force les portes de la nuit, du surréel. Et le don du chant ne lui fut pas refusé.

BIBLIOGRAPHIE : *Bois d'Ébène* (1945) — *Sale nègre* — *Choix de poésies*, 1926-1944.

## *Madrid.*

Cette ride sinistre de la sierra et l'horizon cerné d'un orage de fer :
  le ciel n'a plus un sourire plus un seul tesson d'azur
  pas un arc à lancer l'espoir d'une flèche de soleil
  les arbres déchiquetés se redressent, gémissent comme des violons désaccordés
    tout un village endormi dans la mort s'en va à la dérive
    quand la mitrailleuse crible la passoire du silence
    quand explose la cataracte de fracas
    que le plâtras du ciel s'écroule
    Et les flammes tordues lèchent dans la cité les blessures des lézardes calfatées de nuit
      et dans le petit square abandonné où règne maintenant la paisible épouvante il y a
      mais oui il y a sur le visage sanglant de cet enfant un sourire comme une grenade écrasée à coups de talon

    Plus d'oiseaux de doux chant, d'oiseau des collines
    l'âge de feu et d'acier est né la saison des sauterelles apocalyptiques
      et les tanks avancent l'invasion obstinée de gros hannetons ravageurs
      et l'homme est terré avec sa haine et sa joie pour demain
      et quand il s'élance
      la mort te vendange Hans Beimler
      la mort qui agite sur le van de la plaine une moisson de cris
      Voici avec la neige la denture cariée des montagnes
      l'essaim des balles bourdonnant sur la charogne de la terre
      et la peur au fond des entonnoirs est comme le ver dans une pustule crevée

Qui se rappelle l'incroyable saison le miel des vergers et le sentier sous les branches
le murmure froissé des feuilles et le rire tendre et bon de la jeune femme
la part du ciel et le secret des eaux
— Il y a longtemps déjà que tomba dans l'oliveraie Lina Odena
là-bas dans le Sud.

C'est ici l'espace menacé du destin
la grève où accourue de l'Atlas et du Rhin
la vague confondue de la fraternité et du crime déferle
sur l'espoir traqué des hommes,
mais c'est aussi malgré les sacré-cœurs brodés sur l'étendard de Mahomet
les scapulaires les reliques
les grigris du lucre
les fétiches du meurtre
les totems de l'ignorance
tous les vêtements du mensonge les signes démentiels du passé
ici que l'aube s'arrache des lambeaux de la nuit
que dans l'atroce parturition et l'humble sang anonyme du paysan et de l'ouvrier
naît le monde où sera effacé du front des hommes la flétrissure amère de la seule égalité du désespoir.

(Commune — avril 1937.)

## Bois-d'Ébène.

*Prélude.*

Si l'été est pluvieux et morne
si le ciel voile l'étang d'une paupière de nuage
si la palme se dénoue en haillons
si les arbres sont d'orgueil et noirs dans le vent et la brume

si le vent rabat vers la savane un lambeau de chant funèbre
si l'ombre s'accroupit autour du foyer éteint
si une voilure d'ailes sauvages emporte l'île vers les naufrages
si le crépuscule noie l'envol déchiré d'un dernier mouchoir
et si le cri blesse l'oiseau
tu partiras

abandonnant ton village
sa lagune et ses raisiniers amers
la trace de tes pas dans ses sables
le reflet d'un songe au fond d'un puits
et la vieille tour attachée au tournant du chemin
comme un chien fidèle au bout de sa laisse
et qui aboie dans le soir
un appel fêlé dans les herbages...

Nègre colporteur de révolte
tu connais les chemins du monde
depuis que tu fus vendu en Guinée
une lumière chavirée t'appelle
une pirogue livide
échouée dans la suie d'un ciel de faubourg

Cheminées d'usines
palmistes décapités d'un feuillage de fumée
délivrent une signature véhémente

La sirène ouvre ses vannes
du pressoir des fonderies coule un vin de haine
une houle d'épaules l'écume des cris
et se répand dans les ruelles
et fermente en silence
dans les taudis cuves d'émeute

Voici pour ta voix un écho de chair et de sang
noir messager d'espoir
car tu connais tous les chants du monde
depuis ceux des chantiers immémoriaux du Nil

Tu te souviens de chaque mot le poids des pierres d'Égypte

et l'élan de ta misère a dressé les colonnes des temples
comme un sanglot de sève la tige des roseaux

Cortège titubant ivre de mirages
sur la piste des caravanes d'esclaves
élèvent
maigres branchages d'ombres enchaînés de soleil
des bras implorants vers nos dieux

Mandingue Arada Bambara Ibo
gémissant un chant qu'étranglaient les carcans
(et quand nous arrivâmes à la côte
Mandingue Bambara Ibo
quand nous arrivâmes à la côte
Bambara Ibo
il ne restait de nous
Bambara Ibo
qu'une poignée de grains épars
dans la main du semeur de mort)

Ce même chant repris aujourd'hui au Congo

Mais quand donc ô mon peuple
les hivers en flamme dispersant un orage
d'oiseaux de cendre
reconnaîtrai-je la révolte de tes mains ?

Et que j'écoutai aux Antilles
car ce chant négresse
qui t'enseigna négresse ce chant d'immense
peine
négresse des Iles négresse des plantations
cette plainte désolée

Comme dans la conque le souffle oppressé des mers

Mais je sais aussi un silence
un silence de vingt-cinq mille cadavres nègres
de vingt-cinq mille traverses de Bois-d'Ébène

Sur les rails du Congo-Océan
mais je sais

des suaires de silence aux branches des cyprès
des pétales de noirs caillots aux ronces
de ce bois où fut lynché mon frère de Géorgie
et berger d'Abyssinie

Quelle épouvante te fit berger d'Abyssinie
et masque de silence minéral
quelle rosée infâme de tes brebis un troupeau de marbre
dans les pâturages de la mort

Non il n'est pas de cangue ni de lierre pour l'étouffer
de geôle de tombeau pour l'enfermer
d'éloquence pour le travestir des verroteries du mensonge

le silence

plus déchirant qu'un simoun de sagaies
plus rugissant qu'un cyclone de fauves
et qui hurle
s'élève
appelle
vengeance et châtiment
un raz de marée de pus et de lave
sur la félonie du monde
et le tympan du ciel crevé sous le poing
de la justice

Afrique j'ai gardé ta mémoire Afrique
tu es en moi

Comme l'écharde dans la blessure
comme un fétiche tutélaire au centre du village
fais de moi la pierre de ta fronde
de ma bouche les lèvres de ta plaie
de mes genoux les colonnes brisées de ton abaissement...

    POURTANT
je ne veux être que de votre race
ouvriers paysans de tous les pays
ce qui nous sépare

les climats l'étendue l'espace
les mers
un peu de mousse de voiliers dans un baquet d'indigo
une lessive de nuages séchant sur l'horizon
ici des chaumes un impur marigot
là des steppes tondues aux ciseaux du gel
des alpages
la rêverie d'une prairie bercée de peupliers
le collier d'une rivière à la gorge d'une colline
le pouls des fabriques martelant la fièvre des étés
d'autres plages d'autres jungles
l'assemblée des montagnes
habitée de la haute pensée des éperviers
d'autres villages

Est-ce tout cela climat étendue espace
qui crée le clan la tribu la nation
la peau la race et les dieux
notre dissemblance inexorable ?

Et la mine
et l'usine
les moissons arrachées à notre faim
notre commune indignité
notre servage sous tous les cieux invariable ?

Mineur des Asturies mineur nègre de Johannesburg métallo
de Krupp dur paysan de Castille vigneron de Sicile paria
des Indes
(je franchis ton seuil — réprouvé
je prends ta main dans ma main — intouchable)
garde rouge de la Chine soviétique ouvrier allemand de la
prison de Moabit indio des Amériques

Nous rebâtirons
Copen
Palenque
et les Tiahuanacos socialistes

Ouvrier blanc de Détroit péon noir d'Alabama
peuple innombrable des galères capitalistes

le destin nous dresse épaule contre épaule
et reniant l'antique maléfice des tabous du sang
nous foulons les décombres de nos solitudes

Si le torrent est frontière
nous arracherons au ravin sa chevelure
intarissable
si la sierra est frontière
nous briserons la mâchoire des volcans
affirmant les cordillères
et la plaine sera l'esplanade d'aurore
où rassembler nos forces écartelées
par la ruse de nos maîtres

Comme la contradiction des traits
se résout en l'harmonie du visage
nous proclamons l'unité de la souffrance
et de la révolte
de tous les peuples sur toute la surface de la terre

et nous brassons le mortier des temps fraternels
dans la poussière des idoles.

*(Bois-d'Ébène.)*

## *L'amour, la mort.*

Pour son désespoir une idole vénéneuse

Regard hagard d'escarbille d'hirondelle
sourire poignardé
flétrissure aiguisée du sang
l'araignée tire le fil d'une ride :
toute honte bue au soupirail de cette bouche

Un battement de cil de l'aube
et le pollen du soleil couvre ta joue

Un nid d'ailes ta chevelure
si l'haleine du vent l'effleure

Beauté ravie au mouvement du sang
tes mains offrent un sacrifice de colombes
sur tes genoux invincibles.

*(Bois-d'Ébène.)*


## *Nouveau sermon nègre.*

*A Tristan Rémy.*

Ils ont craché à Sa Face leur mépris glacé
Comme un drapeau noir flotte au vent battu par la neige
Pour faire de lui le pauvre nègre le dieu des puissants
De ses haillons des ornements d'autel
De son doux chant de misère
De sa plainte tremblante de banjo
Le tumulte orgueilleux de l'orgue
De ses bras qui halaient les lourds chalands
Sur le fleuve Jourdain
L'arme de ceux qui frappent par l'épée
De son corps épuisé comme le nôtre dans les plantations de coton
Tel un charbon ardent
Tel un charbon ardent dans un buisson de roses blanches
Le bouclier d'or de leur fortune
Ils ont blanchi Sa Face noire sous le crachat de leur mépris glacé

Ils ont craché sur Ta Face noire
Seigneur, notre ami, notre camarade
Toi qui écartas du visage de la prostituée
Comme un rideau de roseaux ses longs cheveux sur
la source de ses larmes

Ils ont fait
    les riches les pharisiens les propriétaires fonciers les banquiers
Ils ont fait de l'homme saignant le dieu sanglant
Oh Judas ricane

Oh Judas ricane :
Christ entre deux voleurs comme une flamme déchirée
  au sommet du monde
Allumait la révolte des esclaves
Mais Christ aujourd'hui est dans la maison des voleurs
Et ses bras déploient dans les cathédrales l'ombre étendue
  du vautour
Et dans les caves des monastères le prêtre compte les
  intérêts des trente deniers
Et les clochers des églises crachent la mort sur les multitudes
  affamées

Nous ne leur pardonnerons pas, car ils savent ce
  qu'ils font
Ils ont lynché John qui organisait le syndicat
Ils l'ont chassé comme un loup hagard avec des chiens
  à travers bois
Ils l'ont pendu en riant au tronc du vieux sycomore
Non, frères, camarades
Nous ne prierons plus
Notre révolte s'élève comme le cri de l'oiseau de tempête au-
  dessus du clapotement pourri des marécages
Nous ne chanterons plus les tristes spirituals désespérés
Un autre chant jaillit de nos gorges
Nous déployons nos rouges drapeaux
Tachés du sang de nos justes
Sous ce signe nous marcherons
Sous ce signe nous marchons
Debout les damnés de la terre
Debout les forçats de la faim.

*(Bois-d'Ébène.)*

# Jean-F. BRIÈRE

*né le 28 septembre 1909 à Jérémie.*

Jean-F. BRIÈRE fut d'abord instituteur, puis inspecteur des Écoles. Il est, aujourd'hui, directeur des Arts et Lettres au Sénégal.

Comme Jacques ROUMAIN, dont il fut un des compagnons de lutte, il s'engagea tôt et tout entier dans l'action révolutionnaire dont le combat culturel n'était qu'un des aspects. Fondateur du journal d'opposition « La Bataille », il connut plusieurs fois l'épreuve de la prison, et il y demeura, la dernière fois, quinze mois à la suite de l'affaire du « Cri des Nègres ».

Son œuvre garde la marque du militant. Et d'abord, au contraire de ROUMAIN, cette langue simple et directe qui frise parfois la prose, ce fleuve de paroles, qui souvent charrie de grandes images gonflées de souffrances comme des cadavres de héros sans sépulture.

C'est dire que son objet est jalousement — ce sont là ses limites — l'immense armée sans armes des travailleurs aux têtes houleuses par le monde. Sans armes, non sans victoires. Sans armes ? mais si, puisqu'elle a, cette armée, sa monstrueuse vitalité — et ses rêves d'ombre avec des coulées de soleil, comme un bois sacré.

BIBLIOGRAPHIE : *Le petit Soldat* (poème de protestation contre l'Occupation américaine, 1930) — *Le Drapeau de demain* (poème dramatique, 1931) *Chansons secrètes* (1932) — *Nous garderons le Dieu* (1944) — *Black Soul* (1947).

## *Me revoici, Harlem.*

*Au souvenir des lynchés de Géorgie
victimes du fascisme blanc.*

Frère Noir, me voici ni moins pauvre que toi,
Ni moins triste ou plus grand. Je suis parmi la foule
L'anonyme passant qui grossit le convoi,
La goutte noire solidaire de tes houles.

Vois, tes mains ne sont pas moins noires que nos mains,
Et nos pas à travers des siècles de misère
Marquent le même glas sur le même chemin :
Nos ombres s'enlaçaient aux marches des calvaires.

Car nous avons déjà côte à côte lutté.
Lorsque je trébuchais, tu ramassais mes armes,
Et de tout ton grand corps par le labeur sculpté,
Tu protégeais ma chute et souriais en larmes.

De la jungle montait un silence profond
Que brisaient par moments d'indicibles souffrances.
Dans l'âcre odeur du sang je relevais le front
Et te voyais dressé sur l'horizon, immense.

Nous connûmes tous deux l'horreur des négriers...
Et souvent comme moi tu sens des courbatures
Se réveiller après les siècles meurtriers,
Et saigner dans ta chair les anciennes blessures.

Mais il fallut nous dire adieu vers seize cent.
Nous eûmes un regard où dansaient des mirages,
D'épiques visions de bataille et de sang :
Je revois ta silhouette aux ténèbres des âges.

Ta trace se perdit aux rives de l'Hudson.
L'été à Saint-Domingue accueillit mon angoisse,
Et l'écho me conta dans d'étranges chansons
Les Peaux-Rouges pensifs dont on défit la race.

Les siècles ont changé de chiffres dans le temps.
Saint-Domingue, brisant les chaînes, les lanières,
— L'incendie étalant sa toile de titan —
Arbora son drapeau sanglant dans la lumière.

Me revoici, Harlem. Ce Drapeau, c'est le tien,
Car le pacte d'orgueil, de gloire et de souffrance,
Nous l'avons contracté pour hier et demain :
Je déchire aujourd'hui les suaires du silence.

Ton carcan blesse encor mon cri le plus fécond.
Comme hier dans la cale aux sombres agonies,
Ton appel se déchire aux barreaux des prisons,
Et je respire mal lorsque tu t'asphyxies.

Nous avons désappris le dialecte africain,
Tu chantes en anglais mon rêve et ma souffrance,
Au rythme de tes blues dansent mes vieux chagrins,
Et je dis ton angoisse en la langue de France.

Le mépris qu'on te jette est sur ma joue à moi.
Le Lynché de Floride a son ombre en mon âme,
Et du bûcher sanglant que protège la loi,
Vers ton cœur, vers mon cœur monte la même flamme.

Quand tu saignes, Harlem, s'empourpre mon mouchoir.
Quand tu souffres, ta plainte en mon chant se prolonge.
De la même ferveur et dans le même soir,
Frère Noir, nous faisons tous deux le même songe

## *Quand nous sommes-nous séparés?...*

Quand nous sommes-nous séparés ?
A quelle croisée lugubre des chemins ?
Est-ce toi qui nous as quittés ?
Est-ce nous qui t'avons abandonné ?
Et le mur rigide élevé
entre toi et nous ;
et le silence dressé
entre toi et nous ;
et les ténèbres tendues,
piège lugubre,
entre toi et nous
auraient fait des étrangers
de toi et de nous,
de toi, une fatigue sans geste et sans parole,
de nous, une douleur sans résignation et sans espoir ?
Et le temps qui divise,
le temps, ce train toujours en partance et qui s'arrête à peine,
le temps, semeur de pavots,
chute insensible de poussière,
sur le beau voile ensoleillé du souvenir,
sourdement laisserait l'invisible araignée
tisser la toile ténébreuse de l'oubli
comme un second linceul plus profond que la tombe,
entre toi et nous ?

*(Nous garderons le Dieu.)*


## *Black Soul.*

### *(Fragment).*

Je vous ai rencontré dans les ascenseurs
à Paris
Vous vous disiez du Sénégal ou des Antilles.
Et les mers traversées écumaient à vos dents,

hantaient votre sourire,
chantaient dans votre voix comme au creux des rochers.
Dans le plein jour des Champs-Élysées
je croisais brusquement vos visages tragiques.
Vos masques attestaient des douleurs centenaires.
A la Boule-Blanche
ou sous les couleurs de Montmartre,
votre voix,
votre souffle,
tout votre être suintait la joie.
Vous étiez la musique et vous étiez la danse,
mais persistait aux commissures de vos lèvres,
se déployait aux contorsions de votre corps
le serpent noir de la douleur.

A bord des paquebots nous nous sommes parlé.
Vous connaissiez les maisons closes du monde entier,
saviez faire l'amour dans toutes les langues.
Toutes les races avaient pâmé
dans la puissance de vos étreintes.
Et vous ne refusiez la cocaïne ni l'opium
que pour essayer d'endormir
au fond de votre chair la trace des lanières,
le geste humilié qui brise le genou
et, dans votre cœur,
le vertige de la souffrance sans paroles.
Vous sortiez de la cuisine
et jetiez un grand rire à la mer
comme une offrande perlée.
Mais quand le paquebot vibrait
de rires opulents et de joies luxueuses,
l'épaule lourde encor du faix de la journée,
vous chantiez pour vous seul, dans un coin de l'arrière,
vous aidant de la plainte amère du banjo,
la musique de la solitude et de l'amour.
Vous bâtissiez des oasis
dans la fumée d'un mégot sale
dont le goût a celui de la terre à Cuba.
Vous montriez sa route dans la nuit
à quelque mouette transie

égarée dans l'épais brouillard
et écoutiez, les yeux mouillés,
son dernier adieu triste
sur le quai des ténèbres.

Tantôt vous vous dressiez, dieu de bronze à la proue
des poussières de lune aux diamants des yeux,
et votre rêve atterrissait dans les étoiles.

Cinq siècles vous ont vu les armes à la main
et vous avez appris aux races exploitantes
la passion de la liberté.
A Saint-Domingue
vous jalonniez de suicidés
et paviez de pierres anonymes
le sentier tortueux qui s'ouvrit un matin
sur la voie triomphale de l'indépendance.
Et vous avez tenu sur les fonts baptismaux,
étreignant d'une main la torche de Vertières
et de l'autre brisant les fers de l'esclavage,
la naissance à la Liberté
de toute l'Amérique Espagnole.
Vous avez construit Chicago
en chantant des blues,
bâti les États-Unis
au rythme des spirituals
et votre sang fermente
dans les rouges sillons du drapeau étoilé.
Sortant des ténèbres,
vous sautez sur le ring :
champion du monde,
et frappez à chaque victoire
le gong sonore des revendications de la race.
Au Congo,
en Guinée,
vous vous êtes dressé contre l'impérialisme
et l'avez combattu
avec des tambours,
des airs étranges
où grondait, houle omniprésente,

le chœur de vos haines séculaires.
Vous avez éclairé le monde
à la lumière de vos incendies.
Et aux jours sombres de l'Éthiopie martyre,
vous êtes accouru de tous les coins du monde,
mâchant les mêmes airs amers,
la même rage,
les mêmes cris.
En France,
en Belgique,
en Italie,
en Grèce,
vous avez affronté les dangers et la mort...
Et au jour du triomphe,
après que des soldats
vous eussent chassé avec René Maran
d'un café de Paris,
vous êtes revenu
sur des bateaux
où l'on vous mesurait déjà la place
et refoulait à la cuisine,
vers vos outils,
votre balai,
votre amertume,
à Paris,
à New York,
à Alger,
au Texas,
derrière les barbelés féroces
de la Mason Dixon Line
de tous les pays du monde.
On vous a désarmé partout.
Mais peut-on désarmer le cœur d'un homme noir ?
Si vous avez remis l'uniforme de guerre,
vous avez bien gardé vos nombreuses blessures
dont les lèvres fermées vous parlent à voix basse.

Vous attendez le prochain appel,
l'inévitable mobilisation,
car votre guerre à vous n'a connu que des trêves,

car il n'est pas de terre où n'ait coulé ton sang,
de langue où ta couleur n'ait été insultée.
Vous souriez, Black Boy,
vous chantez,
vous dansez,
vous bercez les générations
qui montent à toutes les heures
sur les fronts du travail et de la peine,
qui monterez demain à l'assaut des bastilles
vers les bastions de l'avenir
pour écrire dans toutes les langues,
aux pages claires de tous les ciels,
la déclaration de tes droits méconnus
depuis plus de cinq siècles,
en Guinée,
au Maroc,
au Congo,
partout enfin où vos mains noires
ont laissé aux murs de la Civilisation
des empreintes d'amour, de grâce et de lumière...

# René BELANCE

*né à Corail le 28 septembre 1915.*

René BELANCE est, comme Jean-F. BRIÈRE, un universitaire. Nommé, en 1945, inspecteur de l'Enseignement par le créole pour les adultes, il a quitté, depuis, le Ministère de l'Instruction Publique pour celui de l'Économie Nationale.

BELANCE est le plus doué des jeunes poètes haïtiens. Esprit aigu, explorateur d'au-delà le royaume de la Nuit, il avance par lianes-serpents et marais putrides. Avec lui, on transcende le problème de la race.

En images de voyance, voilà comment explose, chez lui, le tourment du Nègre nouveau. Sans éloquence, dans un style où l'angoisse vrille les ténèbres, mais non sans le rythme nègre du sang qui donne au vers sa chaleur émotionnelle.

BIBLIOGRAPHIE : *Luminaires* (1941) — *Survivances* (1944) — *Pour célébrer l'Absence* (1944) — *Épaule d'Ombre* (1945).

## *Couvercle.*

Est-ce qu'il ne faudrait pas rassembler comme ça toutes les forces viriles pour soulever le couvercle dont la pesanteur devient une hantise qui barre l'ascension, qui barre l'horizon, qui barre la lumière ?

L'espoir semble fermé qui bout au fond du vase. Mais ce lamentable effort s'esquinte. Cet effort qui s'exalte nourrit le sens des résignations. Et se désagrègent les tissus avortés pour la régression.

Les yeux sont noirs au fond du vide. Tous les boucans allumés qu'il faudrait pour que s'éclaire la route se sont éteints dans la nuit. L'espace a vaincu la force comprimée.

Si dans l'appel pour le salut toute ferveur s'insurge, mes deux bras en croix surgiront dans la nuit...

J'ai mon âme plus grande que le spectacle de ma désolation. Je porte en mes yeux la nostalgie de mes déserts perdus. J'ai mes racines lointaines que perd la frondaison. La plante ne peut mourir de la transplantation.

*(Luminaires.)*

## *Vertige.*

Avec ton éveil à la joie,
avec ta course irréfléchie,
avec ta robe dans le vent,
avec ton sourire émergeant
comme une menace à mon inquiétude,
j'éternise mon feu comme une ferveur.
Avec mes sursauts énervants,

avec mon rire de proscrit
qui grince, heurtant ton extase-hébétude,
et mes os exhumés de l'ossuaire,
au scandale des châtelaines
qui m'offrirent leur nudité
ébrouée de nul frisson,
impassible à des yeux tourmentés d'aurore sismale,
je compose un songe d'enfer
pour frôler ton corps,
électriser ta gorge consentante.

Certain jour de faste attendra l'abordage du paquebot
amenant l'exilé sorti de prison.
Je te prendrai par les cheveux
ah ! fiévreusement,
pour te montrer,
pendu,
sifflé,
giflé,
affolé,
égaré,
et seul,
cyniquement seul,
livré à la faim,
dans la baie des puanteurs,
devant les maisons de corruption
où l'on fabrique
des faiseurs de complots,
des postulants au forçat,
des enfants du salut dans la faim,
par la faim,
en haillons,
en ulcères,
et des hommes pour voyager en première,
des hommes pour aller pieds nus,
des hommes pour le home,
des hommes pour la hutte ;
et puis des femmes,
des femmes pour les boudoirs,
des femmes pour les fumoirs,

des femmes pour les bordels,
des femmes pour causer des tueries, la banqueroute,
des femmes pour l'anxiété des bijoutiers,
des femmes pour la pitié...

Je te dirai tout l'aboi des mornes,
la plainte des ruisseaux endormis,
inoculés par les premières aiguilles d'hélium.
Je conterai l'avortement
de chaque fruit
sur la terre impassible, et
dosant, soupesant chaque corps
pour l'engrais de ses mamelles tentaculaires.

Je te ferai contempler
une fenêtre ouverte sur la grève...

La terre tournera autour
de nos bras polaires
et nous aurons le vertige des gravitations,
le privilège de fixer
le changement des saisons,
l'influence de tes yeux sur les raz de marée,
le sommeil des pêcheurs,
le cauchemar de germination des alluvions.
Tu chanteras devant l'extase ;
car tu ne construiras pas
sur l'inquiétude et la soif.
Le chevalier insoumis,
les coursiers de déserts communicables
inclineront jusqu'à tes pieds en porcelaine
leurs flèches,
leurs boucliers...

*(Épaule d'Ombre.)*

# AFRIQUE NOIRE

# Birago DIOP

*né le 12 décembre 1906 à Dakar.*

Comme presque tous les Sénégalais de la bourgeoisie, Birago Diop est né au croisement de plusieurs races africaines.

Brillant élève au lycée Faidherbe de Saint-Louis, il excellait autant dans les « Lettres » que dans les « Sciences ». Cela explique que, docteur-vétérinaire, chef du Service zootechnique en Haute-Volta, il consacre une partie de ses loisirs aux lettres.

Il a commencé d'écrire des poèmes très tôt. Les meilleurs sont ceux d'inspiration africaine à la manière des *kassaks*, poèmes ésotériques des circoncis.

Birago Diop est surtout connu comme conteur. Mais, en Afrique Noire, la différence entre prose et poésie est surtout de technique, et combien mince ! C'est pourquoi, suivant l'illustre exemple de Léo Frobenius, je dirai que le conte de Birago Diop est poésie.

Le conte est poésie par son mépris du réel, je veux dire du fait quotidien. Il ne vise pas à l'anecdote ni à reproduire une « tranche de vie » ; il a pour objet, en nous donnant une vision du surréel par-delà les apparences, de nous faire saisir le sens de la vie profonde du monde. Le conte est poésie, non drame, par son style, un style fait de parallélismes et d'antithèses, de variations et de retours que marque le chant, comme le chœur antique.

Birago Diop nous dit modestement qu'il n'invente rien, mais se contente de traduire en français les contes du griot de sa maison, Amadou fils de Koumba. Ne nous y laissons pas prendre. Il fait comme tous les bons conteurs de chez nous : sur un thème ancien, il compose un nouveau poème. Et le lecteur étourdi croit facilement à une traduction, tant le conteur, qui allie la finesse française à la verte sobriété *wolove*, sait rendre la vie du conte négro-africain avec sa philosophie, son imagerie et son rythme propres.

Nous qui avons entendu Amadou-Koumba, nous savons que l'élève est aussi grand que le maître, s'il ne le surpasse, car c'est un créateur de vie et de beauté, un poète.

Bibliographie : *Les Contes d'Amadou-Koumba* (Fasquelle, 1947) — *Leurres... et lueurs* (poèmes).

## *Les Mamelles.*

Quand la mémoire va ramasser du bois mort, elle rapporte le fagot qu'il lui plaît...
L'horizon bouché m'encercle les yeux. Les verts de l'été et les roux de l'automne en allés, je cherche les vastes étendues de la savane et ne trouve que les monts dégouillés, sombres comme de vieux géants abattus que la neige refuse d'ensevelir parce qu'ils furent sans doute des mécréants...
Mauvais tisserand, l'hiver n'arrive pas à égrener ni à carder son coton ; il ne file et tisse qu'une pluie molle. Gris, le ciel est froid, pâle, le soleil grelotte ; alors, près de la cheminée, je réchauffe mes membres gourds...
Le feu de bois que l'on a soi-même abattu et débité semble plus chaud qu'aucun autre feu...
Chevauchant les flammes qui sautillent, mes pensées vont une à une sur des sentiers que bordent et envahissent les souvenirs.
Soudain, les flammes deviennent les rouges reflets d'un soleil couchant sur les vagues qui ondulent. Les flots fendus forment, sur le fond qui fuit, des feux follets furtifs. Las de sa longue course, le paquebot contourne paresseusement la Pointe des Almadies...
— Ce n'est que ça, les Mamelles ? avait demandé une voix ironique à côté de moi...
Eh oui ! Ce n'était que ça, les Mamelles, le point culminant du Sénégal. A peine 100 mètres d'altitude. J'avais dû le confesser à cette jeune femme qui avait été si timide et si effacée au cours de la traversée, que je n'avais pu résister à l'envie de l'appeler Violette. Et c'est Violette qui demandait, en se moquant, si ce n'était que ça les Mamelles, et trouvait mes montagnes trop modestes.
J'avais eu beau lui dire que, plus bas, puisqu'elle continuait

le voyage, elle trouverait le Fouta-Djallon, les Monts du Cameroun, etc., etc., Violette n'en pensait pas moins que la nature n'avait pas fait beaucoup de frais pour doter le Sénégal de ces deux ridicules tas de latérites, moussus ici, dénudés là...

Ce n'est que plus tard, après ce premier retour au pays, bien plus tard, qu'au contact d'Amadou-Koumba, ramassant les miettes de son savoir et de sa sagesse, j'ai su, entre autres choses, de beaucoup de choses, ce qu'étaient les Mamelles, ces deux bosses de la presqu'île du Cap-Vert, les dernières terres d'Afrique que le soleil regarde longuement le soir avant de s'abîmer dans la Grande Mer...

Quand la mémoire va ramasser du bois mort, elle rapporte le fagot qu'il lui plaît...

\*\*\*

Ma mémoire, ce soir, au coin du feu, attache dans le même bout de liane mes petites montagnes, les épouses de Momar et la timide et blonde Violette pour qui je rapporte, en réponse, tardive peut-être, à son ironique question, ceci que m'a conté Amadou-Koumba.

\*\*\*

Lorsqu'il s'agit d'épouses, deux n'est point un bon compte. Pour qui veut s'éviter souvent querelles, cris, reproches et allusions malveillantes, il faut trois femmes ou une seule et non pas deux. Deux femmes dans une même maison ont toujours, avec elles, une troisième compagne qui, non seulement n'est bonne à rien, mais encore se trouve être la pire des mauvaises conseillères. Cette compagne, c'est l'Envie à la voix aigre et acide comme du jus de tamarin.

Envieuse, Khary, la première femme de Momar, l'était. Elle aurait pu remplir dix calebasses de sa jalousie et les jeter dans un puits, il lui en serait resté encore dix fois dix outres au fond de son cœur noir comme du charbon. Il est vrai que Khary n'avait peut-être pas de grandes raisons à être très, très contente de son sort. En effet, Khary était bossue. Oh! une toute petite bosse de rien du tout, une bosse qu'une camisole bien empesée ou un boubou ample aux larges plis pouvaient aisément cacher. Mais Khary croyait que tous les yeux du monde étaient fixés sur sa bosse.

Elle entendait toujours tinter à ses oreilles les cris de « Khary-Khougué ! Khary-Khougué ! » (Khary la bossue !) et les moqueries de ses compagnes de jeu du temps où elle était petite fille et allait, comme les autres, le buste nu ; des compagnes qui lui demandaient, à chaque instant, si elle voulait leur prêter le bébé qu'elle portait sur le dos. Pleine de rage, elle les poursuivait, et malheur à celle qui tombait entre ses mains. Elle la griffait, lui arrachait tresses et boucles d'oreilles. La victime de Khary pouvait crier et pleurer tout son saoul ; seules ses compagnes la sortaient, quand elles n'avaient pas trop peur des coups, des griffes de la bossue, car, pas plus qu'aux jeux des enfants, les grandes personnes ne se mêlent à leurs disputes et querelles.

Avec l'âge, le caractère de Khary ne s'était point amélioré, bien au contraire, il s'était aigri comme du lait qu'un génie a enjambé, et c'est Momar qui souffrait maintenant de l'humeur exécrable de sa bossue de femme.

Momar devait, en allant aux champs, emporter son repas. Khary ne voulait pas sortir de la maison, de peur des regards moqueurs, ni, à plus forte raison, aider son époux aux travaux de labour.

Las de travailler tout le jour et de ne prendre que le soir un repas chaud, Momar s'était décidé à prendre une deuxième femme et il avait épousé Koumba.

A la vue de la nouvelle femme de son mari, Khary aurait dû devenir la meilleure des épouses, la plus aimable des femmes — et c'est ce que, dans sa naïveté, avait escompté Momar ; — il n'en fut rien.

Cependant Koumba était bossue, elle aussi. Mais sa bosse dépassait vraiment les mesures d'une honnête bosse. On eût dit, lorsqu'elle tournait le dos, un canari de teinturière qui semblait porter directement le foulard et la calebasse posés sur sa tête. Koumba, malgré sa bosse, était gaie, douce et aimable.

Quand on se moquait de la petite Koumba-Khougué du temps où elle jouait, buste nu, en lui demandant de prêter un instant le bébé qu'elle avait sur le dos, elle répondait, en riant plus fort que les autres : « Ça m'étonnerait qu'il vienne avec toi. Il ne veut même pas descendre pour téter. »

Au contact des grandes personnes, plus tard, Koumba, qui les savait moins moqueuses peut-être que les enfants, mais plus méchantes, n'avait pas changé de caractère. Dans la demeure de son époux, elle restait la même. Considérant Khary comme une grande sœur, elle s'évertuait à lui plaire. Elle faisait tous les gros travaux du ménage, elle allait à la rivière laver le linge, elle vannait le grain et pilait le mil. Elle portait, chaque jour, le repas aux champs et aidait Momar à son travail.

Khary n'en était pas plus contente pour cela, bien au contraire. Elle était, beaucoup plus qu'avant, acariâtre et méchante, tant l'envie est une gloutonne qui se repaît de n'importe quel mets, en voyant que Koumba ne semblait pas souffrir de sa grosse bosse.

Momar vivait donc à demi heureux entre ses deux femmes, toutes deux bossues, mais l'une, gracieuse, bonne et aimable, l'autre, méchante, grognonne et malveillante comme des fesses à l'aurore.

Souvent, pour aider plus longtemps son mari, Koumba emportait aux champs le repas préparé de la veille ou de l'aube. Lorsque, binant ou sarclant depuis le matin, leurs ombres s'étaient blotties sous leurs corps pour chercher refuge contre l'ardeur du soleil, Momar et Koumba s'arrêtaient. Koumba faisait réchauffer le riz ou la bouillie, qu'elle partageait avec son époux ; tous deux s'allongeaient ensuite à l'ombre du tamarinier qui se trouvait au milieu du champ. Koumba, au lieu de dormir comme Momar, lui caressait la tête en rêvant peut-être à des corps de femme sans défaut.

\*
\* \*

Le tamarinier est, de tous les arbres, celui qui fournit l'ombre la plus épaisse ; à travers son feuillage que le soleil pénètre difficilement, on peut apercevoir, parfois, en plein jour, les étoiles ; c'est ce qui en fait l'arbre le plus fréquenté par les génies et les souffles, par les bons génies comme par les mauvais, par les souffles apaisés et par les souffles insatisfaits.

Beaucoup de fous crient et chantent le soir qui, le matin, avaient quitté leur village ou leur demeure, la tête saine. Ils étaient passés au milieu du jour sous un tamarinier et ils y avaient vu ce qu'ils ne devaient pas voir, ce qu'ils n'auraient pas dû voir, des êtres de l'autre domaine, des génies qu'ils avaient offensés par leurs paroles ou par leurs actes.

Des femmes pleurent, rient, crient et chantent dans les villages, qui sont devenues folles parce qu'elles avaient versé par terre l'eau trop chaude d'une marmite et avaient brûlé des génies qui passaient ou qui se reposaient dans la cour de leur demeure. Ces génies les avaient attendues à l'ombre d'un tamarinier et avaient changé leur tête.

Momar ni Koumba n'avaient jamais offensé ni blessé, par leurs actes ou par leurs paroles, les génies ; ils pouvaient ainsi se reposer à l'ombre du tamarinier sans craindre la visite ni la vengeance de mauvais génies.

Momar dormait ce jour-là, lorsque Koumba, qui cousait près de lui, crut entendre, venant du tamarinier, une voix qui disait son nom ; elle leva la tête et aperçut, sur la première branche de l'arbre, une vieille, très vieille femme dont les cheveux, longs et plus blancs que du coton égrené, recouvraient le dos.

— Es-tu en paix, Koumba ? demanda la vieille femme.
— En paix seulement, *Mame* (Grand-mère), répondit Koumba.
— Koumba, reprit la vieille femme, je connais ton bon cœur et ton grand mérite depuis que tu reconnais ta droite de ta gauche. Je veux te rendre un grand service, car je t'en sais digne. Vendredi, à la pleine lune, sur la colline d'argile de N'Guew, les filles-génies danseront. Tu iras sur la colline lorsque la terre sera froide. Quand le tam-tam battra son plein, quand le cercle sera bien animé, quand, sans arrêt, une danseuse remplacera une autre danseuse, tu t'approcheras et tu diras à la fille-génie qui sera à côté de toi :
— Tiens, prends-moi l'enfant que j'ai sur le dos, c'est à mon tour de danser.

Le Vendredi, par chance, Momar dormait dans la case de Khary, sa première femme.

Les derniers couchés du village s'étaient enfin retournés dans leur premier sommeil, lorsque Koumba sortit de sa case et se dirigea vers la colline d'argile.

De loin, elle entendit le roulement endiablé du tam-tam

et les battements des mains. Les filles-génies dansaient le *sa-n'diaye*, tournoyant l'une après l'une au milieu du cercle en joie. Koumba s'approcha et accompagna de ses claquements de mains le rythme étourdissant du tam-tam et le tourbillon frénétique des danseuses qui se relayaient.

Une, deux, trois... dix avaient tourné, tourné, faisant voler boubous et pagnes... Alors Koumba dit à sa voisine de gauche en lui présentant son dos :

— Tiens, prends-moi l'enfant, c'est à mon tour.

La fille-génie lui prit la bosse et Koumba s'enfuit.

Elle courut et ne s'arrêta que dans sa case où elle entra au moment même où le premier coq chantait.

La fille-génie ne pouvait plus la rattraper, car c'était le signal de la fin du tam-tam et du départ des génies vers leurs domaines jusqu'au prochain vendredi de pleine lune.

*
* *

Koumba n'avait plus sa bosse. Ses cheveux finement tressés retombaient sur son cou long et mince comme un cou de gazelle. Momar la vit en sortant, le matin, de la case de sa première épouse, il crut qu'il rêvait et se frotta plusieurs fois les yeux. Koumba lui apprit ce qui s'était passé.

La salive de Khary se transforma en fiel dans sa bouche lorsqu'elle aperçut, à son tour, Koumba qui tirait de l'eau au puits ; ses yeux s'injectèrent de sang, elle ouvrit une bouche sèche comme une motte d'argile qui attend les premières pluies, et amère comme une racine de sindian ; mais il n'en sortit aucun son, et elle tomba évanouie. Momar et Koumba la ramassèrent et la portèrent dans sa case. Koumba la veilla, la faisant boire, la massant, lui disant de douces paroles.

Quand Khary fut remise sur pied, échappant à l'étouffement par la jalousie qui lui était montée du ventre à la gorge, Koumba, toujours bonne compagne, lui raconta comment elle avait perdu sa bosse et lui indiqua comment elle aussi devait faire pour se débarrasser de la sienne.

※
※ ※

Khary attendit avec impatience le vendredi de pleine lune, qui semblait n'arriver jamais. Le soleil, traînant tout le long du jour dans ses champs, ne paraissait plus pressé de regagner sa demeure et la nuit s'attardait longuement avant de sortir de la sienne pour faire paître son troupeau d'étoiles.

Enfin ce vendredi arriva, puisque tout arrive.

Khary ne dîna pas ce soir-là. Elle se fit répéter par Koumba les conseils et les indications de la vieille femme aux longs cheveux de coton du tamarinier. Elle entendit tous les bruits de la première nuit diminuer et s'évanouir, elle écouta naître et grandir tous les bruits de la deuxième nuit. Lorsque la terre fut froide, elle prit le chemin de la colline d'argile où dansaient les filles-génies.

C'était le moment où les danseuses rivalisaient d'adresse, de souplesse et d'endurance, soutenues et entraînées par les cris, les chants et les battements de mains de leurs compagnes qui formaient le cercle, impatientes, elles aussi, de montrer chacune son talent, au rythme accéléré du tam-tam qui bourdonnait.

Khary s'approcha, battit des mains comme la deuxième épouse de son mari le lui avait indiqué ; puis, après qu'une, trois, dix filles-génies entrèrent en tourbillonnant dans le cercle et sortirent haletantes, elle dit à sa voisine :

— Tiens, prends-moi l'enfant, c'est à mon tour de danser.
— Ah non alors ! dit la fille-génie. C'est bien à mon tour. Tiens, garde-moi celui-ci que l'on m'a confié depuis une lune entière et que personne n'est venu réclamer.

Ce disant, la fille-génie plaqua sur le dos de Khary la bosse que Koumba lui avait confiée. Le premier coq chantait au même moment ; les génies disparurent et Khary resta seule sur la colline d'argile, seule avec ses deux bosses.

La première bosse, toute petite, l'avait fait souffrir à tous les instants de sa vie, et elle était là maintenant avec une bosse de plus, énorme, plus qu'énorme, celle-là ! C'était vraiment plus qu'elle ne pourrait jamais en supporter.

Retroussant ses pagnes, elle se mit à courir droit devant

elle. Elle courut des nuits, elle courut des jours ; elle courut si loin et elle courut si vite qu'elle arriva à la mer et s'y jeta.

Mais elle ne disparut pas toute. La mer ne voulut pas l'engloutir entièrement.

Ce sont les deux bosses de Khary-Khougué qui surplombent la point du Cap-Vert, ce sont elles que les derniers rayons du soleil éclairent sur la terre d'Afrique.

Ce sont les deux bosses de Khary qui sont devenues les Mamelles.

*(Les Contes d'Amadou-Koumba.)*

## *Viatique.*

Dans un des trois canaris
des trois canaris où reviennent certains soirs
les âmes sereines,
les souffles des ancêtres,
des ancêtres qui furent des hommes,
des ancêtres qui furent des sages,
Mère a trempé trois doigts,
trois doigts de sa main gauche :
le pouce, l'index et le majeur.
Moi j'ai trempé trois doigts,
trois doigts de ma main droite :
le pouce, l'index et le majeur.

Avec ses trois doigts rouges de sang,
de sang de chien,
de sang de taureau,
de sang de bouc,
Mère m'a touché par trois fois.
Elle a touché mon front avec son pouce,
avec l'index mon sein gauche
et mon nombril avec son majeur.
Moi j'ai tendu mes doigts rouges de sang,
de sang de chien,
de sang de taureau,
de sang de bouc.

J'ai tendu mes trois doigts aux vents,
au vent du nord, au vent du levant,
au vent du sud, au vent du couchant ;
et j'ai levé mes trois doigts vers la Lune,
vers la Lune pleine, la Lune pleine et nue
quand elle fut au fond du plus grand canari.

J'ai enfoncé mes trois doigts dans le sable,
dans le sable qui s'était refroidi.

Mère a dit : « Va par le Monde, va,
dans la Vie Ils seront sur tes pas. »

Depuis je vais,
je vais par les sentes,
par les sentes et sur les routes,
par-delà la mer et plus loin, plus loin encore,
par-delà la mer et plus loin, plus loin encore,
par-delà la mer et par-delà l'au-delà.
Et lorsque j'approche les méchants,
les hommes au cœur noir,
lorsque j'approche les envieux,
les hommes au cœur noir,
devant moi s'avancent les souffles des aïeux.

*(Leurres... et lueurs.)*

## *Souffles.*

### *A Ch. Cassagne.*

Écoute plus souvent
les choses que les êtres.
La voix du feu s'entend,
entends la voix de l'eau,
écoute dans le vent
le buisson en sanglots.
C'est le souffle des ancêtres...

Ceux qui sont morts ne sont jamais partis,
ils sont dans l'ombre qui s'éclaire
et dans l'ombre qui s'épaissit,
les morts ne sont pas sous la terre :
ils sont dans l'arbre qui frémit,
ils sont dans le bois qui gémit.
ils sont dans l'eau qui coule,
ils sont dans l'eau qui dort,
ils sont dans la cave, ils sont dans la foule :
les morts ne sont pas morts.

      Écoute plus souvent
      les choses que les êtres.
      La voix du feu s'entend,
      entends la voix de l'eau,
      écoute dans le vent
      le buisson en sanglots.
      C'est le souffle des ancêtres,
      le souffle des ancêtres morts,
      qui ne sont pas partis,
      qui ne sont pas sous terre,
      qui ne sont pas morts.

Ceux qui sont morts ne sont jamais partis,
ils sont dans le sein de la femme,
ils sont dans l'enfant qui vagit
et dans le tison qui s'enflamme.
Les morts ne sont pas sous la terre,
ils sont dans le feu qui s'éteint,
ils sont dans les herbes qui pleurent,
ils sont dans le rocher qui geint,
ils sont dans la forêt, ils sont dans la demeure :
les morts ne sont pas morts.

      Écoute plus souvent
      les choses que les êtres.
      La voix du feu s'entend,
      écoute la voix de l'eau,
      écoute dans le vent
      le buisson en sanglots.
      C'est le souffle des ancêtres.

*(Leurres... et lueurs.)*

# Léopold SÉDAR SENGHOR

*né le 9 octobre 1906
à Joal-la-Portugaise (Sénégal).*

Études à Dakar, au collège Liberman et au lycée, puis à Paris, au lycée Louis-le-Grand et à la Sorbonne.

Agrégé de l'Université il a professé au lycée de Tours et au lycée Marcelin-Berthelot à Paris.

« La poésie de Léopold SÉDAR SENGHOR[1], Sénégalais, exprime le côté de l'âme noire qui correspond à la gravité et au recueillement plutôt qu'à l'exaltation et à la fureur extatique. De ce point de vue, elle contraste curieusement avec celle de son ami Aimé CÉSAIRE. Tout se passe comme si le descendant des noirs traditionnellement enracinés sur leur sol et celui des esclaves transplantés étaient venus nous faire entendre les deux notes complémentaires dont la réunion est nécessaire. D'un côté, chez SENGHOR, l'acquiescement profond à toutes les puissances de la nature et de la vie humaine, de l'autre la révolte et la cassure résolue avec le destin. Les origines lointaines des deux poètes, peut-être aussi l'éducation chrétienne, qui a laissé, dans l'esprit de SENGHOR, des traces profondes et qu'il n'a jamais celées, expliquent cette différence de ton. On notera encore que, chez SENGHOR, qui aime à faire résonner les accents d'un « tam-tam voilé », triomphe naturellement la douceur maternelle de la nuit, tandis que CÉSAIRE aime à s'exalter sous les ardeurs féroces d'un soleil guerrier. L'une paraît plus proche de la sensibilité de Novalis et l'autre de Rimbaud, témoignage que les constantes de l'heureux poète n'ont pas seulement une signification raciale mais une valeur universelle.

Il n'en est pas moins vrai qu'on les retrouvera en plein accord, lorsqu'il s'agit d'exprimer non seulement leurs aspirations individuelles mais aussi celles de leurs frères de race dont ils sont les « représentants » au meilleur sens du mot, au parlement autant qu'en poésie. Tandis qu'une commune

---

1. M. Senghor s'étant naturellement abstenu de porter un jugement sur son œuvre, nous avons demandé à M. Aimé PATRI, qui avait écrit dans *Présence africaine* des pages remarquées sur la poésie noire, de le suppléer. Nous le remercions d'avoir bien voulu accepter.

Ch.-A. J.

ferveur les réconcilie, leur dialogue fait songer au chant alterné des Camènes dont parlait Virgile.

Avec « les Chants d'ombre », dont la forme épouse spontanément celle du verset claudélien ou biblique, où la confession personnelle s'unit intimement à la revendication collective, SENGHOR s'est classé d'emblée au rang des meilleurs poètes d'aujourd'hui, et il a pu le faire, sans cesser, un seul instant, d'être fidèle à lui-même et aux siens. »

Aimé PATRI.

BIBLIOGRAPHIE : *Chants d'ombre* (Éditions du Seuil, 1945) — *Hosties Noires* (Éditions du Seuil, 1948) — *Chants pour Naett* (chez Pierre Seghers) — *Éthiopiques* (Éditions du Seuil).

## L'ouragan.

L'ouragan arrache tout autour de moi
Et l'ouragan arrache en moi feuilles et paroles futiles.
Des tourbillons de passion sifflent en silence.
Mais paix sur la tornade sèche, sur la fuite de l'hivernage !

Toi, Vent ardent, Vent pur, Vent-de-belle-saison, brûle toute fleur, toute pensée vaine
Quand retombe le sable sur les dunes du cœur.
Servante, suspends ton geste de statue, et vous enfants, vos jeux et vos rires d'ivoire.
Toi, qu'elle consume ta voix avec ton corps, qu'elle sèche le parfum de ta chair
La flamme qui illumine ma nuit comme une colonne, comme une palme.
Embrase mes lèvres de sang, Esprit, souffle sur les cordes de ma kôra
Que s'élève mon chant, aussi pur que l'or de Galam.

*(Chants d'ombre.)*

## Nuit de Sine.

Femme, pose sur mon front tes mains balsamiques, tes mains douces plus que fourrure.
Là-haut les palmes balancées qui bruissent dans la haute brise nocturne
A peine. Pas même la chanson de nourrice.
Qu'il nous berce, le silence rythmé.

Écoutons son chant, écoutons battre notre sang sombre, écoutons
Battre le pouls profond de l'Afrique dans la brume des villages perdus.

Voici que décline la lune lasse vers son lit de mer étale
Voici que s'assoupissent les éclats de rire, que les conteurs eux-mêmes
Dodelinent de la tête comme l'enfant sur le dos de sa mère
Voici que les pieds des danseurs s'alourdissent, que s'alourdit la langue des chœurs alternés.

C'est l'heure des étoiles et de la nuit qui songe et
S'accoude à cette colline de nuages, drapée dans son long pagne de lait.
Les toits des cases luisent tendrement. Que disent-ils, si confidentiels, aux étoiles ?
Dedans le foyer s'éteint dans l'intimité d'odeurs âcres et douces.

Femme, allume la lampe au beurre clair, que causent autour les ancêtres comme les parents, les enfants au lit.
Écoutons la voix des anciens d'Élissa. Comme nous exilés
Ils n'ont pas voulu mourir, que se perdît par les sables leur torrent séminal.
Que j'écoute, dans la case enfumée que visite un reflet d'âmes propices
Ma tête sur ton sein chaud comme un dang au sortir du feu et fumant
Que je respire l'odeur de nos Morts, que je recueille et redise leur voix vivante, que j'apprenne à
Vivre avant de descendre, au-delà du plongeur, dans les hautes profondeurs du sommeil.

*(Chants d'ombre.)*

## *Femme noire.*

Femme nue, femme noire
Vêtue de ta couleur qui est vie, de ta forme qui est beauté !
J'ai grandi à ton ombre, la douceur de tes mains bandait mes yeux.
Et voilà qu'au cœur de l'été et de midi, je te découvre terre promise du haut d'un haut col calciné
Et ta beauté me foudroie en plein cœur comme l'éclair d'un aigle.

Femme nue, femme obscure !
Fruit mûr à la chair ferme, sombres extases du vin noir, bouche qui fais lyrique ma bouche
Savane aux horizons purs, savane qui frémis aux caresses ferventes du Vent d'est
Tam-tam sculpté, tam-tam tendu qui grondes sous les doigts du Vainqueur
Ta voix grave de contre-alto est le chant spirituel de l'Aimée.

Femme nue, femme obscure !
Huile que ne ride nul souffle, huile calme aux flancs de l'athlète, aux flancs des princes du Mali
Gazelle aux attaches célestes, les perles sont étoiles sur la nuit de ta peau
Délices des jeux de l'esprit, les reflets de l'or rouge sur ta peau qui se moire.
A l'ombre de ta chevelure, s'éclaire mon angoisse aux soleils prochains de tes yeux.

Femme nue, femme noire !
Je chante ta beauté qui passe, forme que je fixe dans l'éternel
Avant que le destin jaloux ne te réduise en cendres pour nourrir les racines de la vie.

*(Chants d'ombre.)*

## *A l'appel de la race de Saba.*
### *A L.-G. Damas*
### *(pour trois trompes).*

Mère, sois bénie !

J'entends ta voix quand je suis livré au silence sournois de cette nuit d'Europe

Prisonnier de mes draps blancs et froids bien tirés, de toutes les angoisses qui m'embarrassent inextricablement

Quand fond sur moi, milan soudain, l'aigre panique des feuilles jaunes

Ou celle des guerriers noirs au tonnerre de la tornade des tanks

Et tombe leur chef avec un grand cri, dans une grande giration de tout le corps.

Mère, oh ! j'entends ta voix courroucée.

Voilà tes yeux courroucés et rouges qui incendient nuit et brousse noire comme au jour jadis de mes fugues.

Je ne pouvais rester sourd à l'innocence des conques, des fontaines et des mirages sur les tanns

Et tremblait ton menton sous tes lèvres gonflées et tordues.

### II

Mère, sois bénie !

Je me rappelle les jours de mes pères, les soirs de Dyilôr

Cette lumière d'outre-ciel des nuits claires sur la terre douce au soir.

Je suis sur les marches de la demeure profonde obscurément.

Mes frères et mes sœurs contre mon cœur serrent leur chaleur nombreuse de poussins.

Je repose la tête sur les genoux de ma nourrice Ngâ, de Ngâ la poétesse

Ma tête bourdonnant au galop guerrier des dyoung-dyoungs, au grand galop de mon sang de pur sang

Ma tête mélodieuse des chansons lointaines plaintivement de Koumba l'Orpheline.

Au milieu de la cour, le ficus solitaire

Et devisant à son ombre lunaire, les épouses de l'Homme de leurs voix graves et profondes comme leurs yeux et les fontaines nocturnes de Fimla.

Et mon père étendu sur des nattes paisibles, mais grand, mais fort, mais beau

Homme du Royaume de Sine, tandis qu'alentour, sur les kôras, voix héroïques, les griots font danser leurs doigts de fougue

Tandis qu'au loin monte, houleuse de senteurs fortes et chaudes, la rumeur classique de cent troupeaux.

### III

Mère, sois bénie !

Je ne souffle pas le Vent d'est sur ces images pieuses comme sur le sable des pistes.

Tu ne m'entends pas quand je t'entends, telle la mère anxieuse qui oublie de presser le bouton du téléphone.

Mais je n'efface les pas de mes pères ni des pères de mes pères dans ma tête ouverte à vents et pillards du Nord.

Mère, respire dans cette chambre peuplée de Latins et de Grecs l'odeur des victimes vespérales de mon cœur.

Qu'ils m'accordent, les génies protecteurs, que mon sang ne s'affadisse pas comme un assimilé, comme un civilisé.

J'offre un poulet sans tache, debout près de l'Aîné, bien que tard venu, afin qu'avant l'eau crémeuse et la bière de mil

Gicle jusqu'à moi et sur mes lèvres charnelles le sang chaud salé du taureau dans la force de l'âge, dans la plénitude de sa graisse.

## IV

Mère, sois bénie !

Nos aubes que saignent les jours proconsulaires, deux générations d'hommes et bien plus, n'ont-elles pas coloré tes yeux comme solennellement les hautes herbes dans le carnage des hautes flammes ?

Mère, tu pleures le transfuge à l'heure de faiblesse qui précède le sommeil, que l'on a verrouillé les portes et qu'aboient les chiens jaunes aux Esprits

Depuis une neuvaine d'années ; et moi, ton fils, je médite, je forge ma bouche vaste retentissante pour l'écho et la trompette de libération

Dans l'ombre, Mère — mes yeux prématurément se sont faits vieux, — dans le silence et le brouillard sans odeur ni couleur

Comme le dernier forgeron. Ni maîtres désormais ni esclaves ni guelwârs ni griots ni griots de griots ;

Rien que la lisse et virile camaraderie des combats ; et que me soit égal le fils du tôlé, que me soient copains le Maure et le Targui congénitalement ennemis.

Car le cri montagnard du Ras Desta a traversé l'Afrique de part en part comme une épée longue et sûre dans l'avilissement de ses reins

Il a dominé la rage trépignante crépitante des mitrailleuses, défié les avions des marchands

Et voici qu'un long gémissement plus désolé qu'un long pleur de mère aux funérailles d'un jeune homme

Sourd des mines là-bas, dans l'extrême Sud.

V

Mère, sois bénie !

J'ai vu — dans le sommeil léger de quelle aube gazouillée ? — le jour de libération.

C'était un jour pavoisé de lumière claquante comme de drapeaux et d'oriflammes aux hautes couleurs.

Nous étions là, tous réunis, mes camarades les forts en thème et moi, tels, aux premiers jours de guerre, les nationaux débarqués de l'étranger.

Et mes premiers camarades de jeu, et d'autres, et d'autres encore que je ne connaissais même pas de visage, que je reconnaissais à la fièvre de leur regard.

Pour le dernier assaut contre les Conseils d'Administration qui prétendent gouverner les gouverneurs des colonies.

Comme aux dernières minutes avant l'attaque — les cartouchières sont bien garnies, le coup de pinard avalé ; les musulmans ont du lait et tous les grigris de leur foi.

La Mort nous attend peut-être sur la colline ; la Vie y pousse sur la Mort dans le soleil chantant,

Et la Victoire ; sur la colline à l'air pur où les banquiers bedonnants ont bâti leurs villas, blanches et roses

Loin des faubourgs et des misères des quartiers indigènes.

## VI

Mère sois bénie !

Reconnais ton fils parmi ses camarades comme autrefois ton champion, *Kor Sanou !* parmi les athlètes antagonistes

A son nez fort et à la délicatesse de ses attaches.

En avant ! Et que ne soit pas le paean poussé

O Pindare ! mais le cri de guerre hirsute et le coupe-coupe dégainé

Mais, jaillie des cuivres de nos bouches, la Marseillaise de Valmy plus pressante que la charge d'éléphants des gros tanks que précèdent les ombres sanglantes

La Marseillaise catholique.

Car nous sommes là, tous réunis, divers de teint — il y en a qui sont couleur de café grillé, d'autres bananes d'or et d'autres terre des rizières —

Divers de traits, de costume, de coutumes, de langue ; mais au fond des yeux la même mélopée de souffrances à l'ombre des longs cils fiévreux :

Le Cafre, le Kabyle, le Somali, le Maure, le Fân, le Fôn, le Bambara, le Bobo, le Maudiago

Le nomade, le mineur, le prestataire, le paysan et l'artisan, le boursier et le tirailleur

Et tous les travailleurs blancs dans la lutte fraternelle.

Voici le mineur des Asturies, le docker de Liverpool, le juif chassé d'Allemagne, et Dupont et Dupuis et tous les gars de Saint-Denis.

VII

Mère, sois bénie !
Reconnais ton fils à l'authenticité de son regard qui est celle de son cœur et de son lignage ;
Reconnais ses camarades, reconnais les combattants, et salue, dans le soir rouge de ta vieillesse
L'AUBE TRANSPARENTE D'UN JOUR NOUVEAU.
*(Hosties Noires.)*

## *Aux tirailleurs sénégalais morts pour la France.*

Voici le Soleil
Qui fait tendre la poitrine des vierges
Qui fait sourire sur les bancs verts les vieillards
Qui réveillerait les morts sous une terre maternelle.
J'entends le bruit des canons — est-ce d'Irun ? —
    On fleurit les tombes, on réchauffe le Soldat Inconnu.
Vous, mes frères obscurs, personne ne vous nomme.
On promet 500 000 de vos enfants à la gloire des futurs morts, on les remercie d'avance, futurs morts obscurs
*Die schwarze Schande !*

Écoutez-moi, Tirailleurs Sénégalais, dans la solitude de la terre noire et de la mort
Dans votre solitude sans yeux, sans oreilles, plus que dans ma peau sombre au fond de la Province
Sans même la chaleur de vos camarades couchés tout contre vous, comme jadis dans la tranchée, jadis dans les palabres du village
Écoutez-moi, tirailleurs à la peau noire, bien que sans oreilles et sans yeux dans votre triple enceinte de nuit.

Nous n'avons pas loué de pleureuses, pas même les larmes de vos femmes anciennes

— Elles ne se rappellent que vos grands coups de colère, préférant l'ardeur des vivants.
Les plaintes des pleureuses trop claires
Trop vite asséchées les joues de vos femmes comme en saison sèche les torrents du Fouta
Les larmes les plus chaudes trop claires et trop vite bues au coin des lèvres oublieuses.

Nous vous apportons, écoutez-nous, nous qui épelions vos noms dans les mois que vous mouriez
Nous, dans ces jours de peur sans mémoire, vous apportons l'amitié de vos camarades d'âge.
Ah ! puissé-je un jour d'une voix couleur de braise, puissé-je chanter
L'amitié des camarades fervente comme des entrailles et délicate, forte comme des tendons.
Écoutez-nous, morts étendus dans l'eau au profond des plaines du Nord et de l'Est.
Recevez ce sol rouge, sous le soleil d'été ce sol rougi du sang des blanches hosties
Recevez le salut de vos camarades noirs, Tirailleurs Sénégalais

MORTS POUR LA RÉPUBLIQUE !

*(Hosties noires.)*

## *Ndessé.*

Mère, on m'écrit que tu blanchis comme la brousse à l'extrême hivernage
Et je devais être ta fête, la fête gymnique de tes moissons
Ta saison belle avec sept fois neuf années sans nuages et les greniers pleins à craquer de fin mil
Ton champion, *Kor-Sanou !* Tel le palmier de Katamague
  Il domine tous ses rivaux de sa tête au mouvant panache d'argent
Et les cheveux des femmes s'agitent sur leurs épaules, et les cœurs des vierges dans le tumulte de leur poitrine.

Voici que je suis devant toi, Mère, soldat aux manches nues
Et je suis vêtu de mots étrangers où tes yeux ne voient qu'un assemblage de bâtons et de haillons.
Si je te pouvais parler, Mère ! Mais tu n'entendrais qu'un gazouillis précieux et tu n'entendrais pas
Comme lorsque, bonnes femmes de sérères, vous déridiez le Dieu-aux-troupeaux-de-nuages
Pétaradant des coups de fusil par-dessus le cliquetis des mots *paragnessés.*
Mère, parle-moi bien que ma langue glisse sur nos verbes sonores et durs.
Tu les sais faire doux et moelleux comme à ton fils chéri autrefois.
Ah ! me pèse le fardeau pieux de mon mensonge,
Je ne suis plus le fonctionnaire qui a autorité, le marabout aux disciples charmés.
L'Europe m'a broyé comme le plat guerrier sous les pattes pachydermes des tanks
Mon cœur est plus meurtri que mon corps jadis au retour des lointaines escapades aux bords enchantés des Esprits.

Je devais être, Mère, le palmier florissant de ta vieillesse, je te voudrais rendre l'ivresse de tes jeunes années
Je ne suis plus que ton enfant endolori, et il se tourne et retourne sur ses flancs douloureux
Je ne suis plus qu'un enfant qui se souvient de ton sein maternel et qui pleure.
Reçois-moi dans la nuit qu'éclaire l'assurance de ton regard
Redis-moi les vieux contes des veillées noires, que je me perde par les routes sans mémoire.
Mère, je suis un soldat humilié qu'on nourrit de gros mil.

Dis-moi donc l'orgueil de mes pères !

*Front-Stalag* 230.
*(Hosties noires.)*

## *Chant du printemps.*

*Pour une jeune fille noire au talon rose.*

### I

Des chants d'oiseaux montent lavés dans le ciel primitif
L'odeur verte de l'herbe allègre monte, Avril !
J'entends le souffle de l'aurore émouvant les nuages blancs de mes rideaux
J'entends la chanson du soleil sur mes volets mélodieux
Je sens comme une haleine et le souvenir de Naëtt sur ma nuque nue qui s'émeut
Et mon sang complice, malgré moi, chuchote dans mes veines.
C'est toi, mon amie — ô ! Écoute les souffles déjà chauds dans l'avril d'un autre continent
Oh ! écoute quand glissent, glacées d'azur, les ailes des hirondelles migratrices
Écoute le bruissement blanc et noir des cigognes horizontales à l'extrême de leur voiles déployées
Écoute le message du printemps d'un autre âge, d'un autre continent
Écoute le message de l'Afrique lointaine et le chant de ton sang !
J'écoute la sève d'Avril qui dans tes veines chante.

### II

Tu m'as dit :
— Écoute, mon ami, lointain et sourd, le grondement précoce de la tornade comme un feu roulant de brousse
Et mon sang crie d'angoisse dans l'abandon de sa tête trop lourde livrée aux courants électriques.
Ah ! là-bas l'orage soudain, c'est l'incendie des côtes blanches, de la blanche paix de l'Afrique mienne.
Et dans la nuit où tonnent de grandes déchirures de métal
Entends, plus près de nous, sur trois cents kilomètres, tous les hurlements des chacals sans lune et les miaulements félins des balles

Entends les rugissements brefs des canons et les barrissements des pachydermes de cent tonnes.
Est-ce l'Afrique encore cette côte mouvante, cet ordre de bataille, cette longue ligne rectiligne, cette ligne d'acier et de feu ?...
Mais entends l'ouragan des aigles-forteresses, les escadres aériennes tirant à pleins sabords
Et foudroyant les capitales dans la seconde de l'éclair.
Et les lourdes locomotives bondissent au-dessus des cathédrales
Et les cités superbes flambent, mais bien plus jaunes, mais bien plus sèches qu'herbes de brousse en saison sèche.
Et voici que les hautes tours, orgueil des hommes, tombent comme les géants des forêts avec un bruit de plâtras
Et voici que les édifices de ciment et d'acier fondent comme la cire molle aux pieds de Dieu.
Et le sang de mes frères blancs bouillonne par les rues, plus rouge que le Nil — sous quelle colère de Dieu ?
Et le sang de mes frères noirs, les Tirailleurs Sénégalais, dont chaque goutte répandue est une goutte de feu à mon flanc.
Printemps tragique ! Printemps de sang ! Est-ce là ton message, Afrique ?...
Oh ! mon ami — ô ! comment entendrai-je ta voix ? Comment voir ton visage noir si doux à ma joue brune, à ma joue brune
Quand il faut me boucher les yeux et les oreilles ?


### III

Je t'ai dit :
— Écoute le silence sous les colères flamboyantes de l'orage
La voix de l'Afrique planant au-dessus de la rage des canons longs
La voix de ton cœur, de ton sang, écoute-la sous le délire de ta tête, de tes cris.
Est-ce sa faute si Dieu lui a demandé les prémices de ses moissons
Les plus beaux épis, les corps les plus beaux élus patiemment parmi mille peuples ?

Est-ce sa faute si Dieu fait de ses fils les verges à châtier la
    superbe des races ?
Écoute sa voix bleue dans l'air lavé de haine, vois le sacri-
ficateur verser les libations au pied du tumulus.
Elle proclame le grand émoi qui fait trembler les corps aux
    souffles verts d'Avril
Elle proclame l'attente amoureuse du renouveau dans la fièvre
    de ce printemps
La vie qui fait vagir deux enfants nouveau-nés au bord d'un
    tombeau cave.
Elle dit ton baiser plus fort que la haine et la mort.
Je vois au fond de tes yeux troubles la lumière étale de l'été
Je respire entre tes collines l'ivresse douce des moissons.
Ah ! cette rosée de lumière aux ailes frémissantes de tes narines !
Et ta bouche est comme un bourgeon qui se gonfle au soleil
Et comme une rose couleur de vin vieux qui va s'épanouir
    au chant de tes lèvres.
Écoute le message, mon amie sombre au talon rose.
J'entends ton cœur d'ambre qui germe dans le silence et le
    Printemps.

*Paris, Avril 1944.*
*(Hosties noires.)*

## *23*

*(Pour deux flûtes et un tam-tam lointain.)*

Était-ce une nuit maghrebine ? Je laisse Mogador aux filles
    de platine.
Était-ce une nuit maghrebine ? C'était aussi la Nuit, notre
    nuit joalienne
D'avant notre naissance l'ineffable nuit : tu te coiffais devant
    le miroir de mes yeux.

Nous étions assis dans l'angoisse à l'ombre de notre secret
Dans cette angoisse de l'attente qui faisait frémir tes narines.
Te la rappelles-tu, cette rumeur de paix ? De la ville basse,
    vague par vague

Elle venait battre à nos pieds. Un phare au loin appelait à ma droite
A gauche tout près de mon cœur, l'étrange immobilité de tes yeux.
Ah ! ces éclairs soudain dans la nuit d'hivernage — je pouvais lire ton visage —
Et je buvais ton visage terrible à longs traits altérés qui incendiaient ma soif
Et dans mon cœur qui s'étonnait, dans mon cœur de silence qui n'en pouvait mais
Cette rafale d'aboiements là-bas, qui l'éclataient comme grenade.

Puis ce crissement mordoré du sable, ce battement palpébral dans les feuilles.
Des gardes noirs passaient dieux géants de l'Éden ; des noctuelles visage de lune
Pesaient doucement à leur bras — leur bonheur nous était brûlure.
En écoutant nos cœurs on les entendait battre là-bas du côté de Fadyoutt
On entendait frémir la terre sous les pieds vainqueurs des athlètes
La voix de l'Amante chanter la splendeur ténébreuse de l'Amant.
Et nous n'osions bouger nos mains tremblantes, et nos lèvres s'ouvraient et se fermaient.
Si l'aigle se jetait soudain sur nos poitrines avec un cri sauvage de comète !...
Mais m'emportait, irrésistible, le courant vers l'horrible chant des écueils et de tes yeux.

Nous aurons d'autres nuits, Sopé : tu reviendras sur ce banc d'ombre
Tu seras la même toujours et tu ne seras pas la même.
Qu'importe ? A travers tes métamorphoses, j'adorerai le visage de Koumba Tâm.

*(Chants pour Naëtt.)*

## 24

*(Pour flûtes et balafong.)*

Pourquoi fuir sur les voiliers migrateurs ? Ma tête est un marais putride
Et je moule des briques monotones. Pourquoi fuir sur l'aile glacée des migrateurs ?

Mon amour est pays de sables et de sel, mon amour un Ferlo sans rugit ni rosée
— Oh ! l'horreur chère de mes Rip et Niombato quand j'étais panthère aux pensées ombreuses —
Mon amour campagne rasée et quadrillée, pays blanc dont je ne suis qu'usager.
Mahé-Kor Dyouf-le-Tutoyé a vendu ses fusils et chevaux du fleuve
Mais je n'avalerai ni mon chant ni le souffle de mes narines
Comme le Maître-des-dyoung-dyoungs à l'époque des inventaires.

Mon refuge dans ce visage perdu, ô plus mélodieux qu'un masque pongwé !
Dans ce vaste pays d'eaux et de tams et d'îles flottant sur les terres.
Et je rebâtirai la demeure fongible au bord de cette courbe exquise
Du sourire énigme qu'aiguisent les lèvres bleu-noir des palétuviers.
Et je paîtrai les songes calmes des sauriens et, sorcier aux yeux d'outre-monde
Contemplerai les choses éternelles dans l'altitude de tes yeux.

Outre tes cils et les rôniers de Katamague, j'entends déjà les pilons de Simal
Les cris des chiens et des chasseurs forçant les hardes rutilantes du grand rêve.

*(Chants pour Naëtt.)*

## 31

*(Pour khalam.)*

Que dirai-je aux princes confédérés retour de leur marche ou province ?
C'est bien assez d'être malade comme orpheline sans chevilles d'or.
Que dire, ma voix amébée, au jeune homme qui chantera
La strophe élue de la fiancée ? Je n'ai seulement pas message d'hirondelle.

Il n'importe que je ne porte le gilet pourpre de l'athlète
Brodé de perles de rosée, ô champion de Siny ! homme au sourire oblique
— Les perles modulent le chiffre de la divine Sinueuse —
Il n'importe, mais recevoir des messagers qui me fassent pair de mes pairs

La bouche de ma mère décline le soir sur un nom rose et le ciel de ses dents.
Le viguelwâr de Kolnodick est rentré de captivité
Grave de ses longues blessures et trente chameaux des trésors de sa sagesse.
Il a choisi le nom de la classe de l'an : bombe atomique à l'orgueil de l'Europe.

Mais pouvoir annoncer que ses yeux grands s'embrument au lever de mon souvenir
Ah ! que surtout tremble la terre quand piaffe le courrier porteur de ma récade !

*(Chants pour Naëtt.)*

## 33

*(Pour deux trompes et un balafong.)*

Écoutez les abois balles des chiens dans les halliers noirs de mon ventre.
Où mes molosses jaunes à gueule de faim ? Seul mon bon fusil ceint de sang sacré.
Je vous siffle d'un cri charmant, chiens de mes bras chiens de mes jambes
Car dans le puits d'un cabaret, j'ai perdu mon cœur à Montmartre.

Écoutez les abois balles des chiens dans les halliers noirs de mon ventre
Et il faut retenir mon sang au bout long de sa laisse de cinabre
Le fils de l'Homme fils du Lion qui rugit dans le dos creux des collines
Incendiant cent villages alentour de sa voix mâle d'Harmattan.

J'irai bondissant par-dessus collines, forçant la peur des vents des steppes
Défiant les fleuves-mers où se noient les corps vierges dans les bas-fonds de leur angoisse.
Or je remonterai le ventre doux des dunes et les cuisses rutilantes du jour
Jusqu'aux gorges enténébrées où tuer d'un coup bref le faon rayé du rêve.

*(Chants pour Naëtt.)*

## L'Homme et la Bête.

Je te nomme Soir, ô Soir ambigu. Feuille mobile, je te nomme
Et c'est l'heure des peurs primaires surgies des entrailles d'ancêtres.
Arrière inanes faces de ténèbres à souffle et mufle maléfiques !

Arrière par la palme et l'eau, par le diseur-des-choses-très-cachées !
Mais informe la Bête dans la boue féconde qui nourrit tsétsés et stégomyas
Crapauds et trigonocéphales, araignées à poison, caïmans à cactées.

Quel choc soudain sans éclat de silex ! Quel choc et pas une étincelle de passion.
Les pieds de l'Homme lourd patinent dans la ruse où s'enfonce sa force jusques à mi-jambes.
Les feuilles les lient des plantes mauvaises. Plane sa pensée dans la brume.
Silence de combat sans éclats de silex, au rythme du tam-tam tendu de sa poitrine
Au seul rythme du tam-tam que syncope la Grande-Rayée à senestre.
Sorcier qui dira la victoire !

Des griffes paraphent d'éclairs son dos de nuages houleux
La tornade rase ses reins et couche les graminées de son sexe
Les kaïcédrats sont émues dans leurs racines douloureuses
Mais l'Homme enfonce son épieu de foudre dans les entrailles de lune dorées très tard
Le front d'or dompte les nuages où tournoient des aigles glacés.
O pensée qui lui ceint le front ! La tête du serpent est son œil cardinal.

La lutte est longue trop ! dans l'ombre, longue des trois époques de nuit millésime.
Force de l'Homme lourd les pieds dans le poto-poto fécond
Force de l'Homme les frêles roseaux qui embarrassent son effort
Sa chaleur la chaleur des entrailles primaires, force de l'Homme dans l'ivresse
Le vin chaud du sang de la Bête — et la mousse pétillait dans son cœur
Hê ! vive la bière de mil à l'Initié !

Un long cri de comète traverse la nuit, une large clameur
   rythmée d'une voix juste.
Et l'homme terrasse la Bête de la glossolalie du chant dansé.
Il la terrasse dans un vaste éclat de rire, dans une danse
   rutilant dansée
Sous l'arc-en-ciel des sept voyelles. Salut Soleil-levant Lion
   au-regard-qui-tue
Donc salut Dompteur de la brousse plate, toi *Mbarodi!*
   Seigneur des forces imbéciles.

Le lac fleurit de nymphéas, aurore du rire divin.

*(Éthiopiques.)*

## *Congo.*

Oho! Congo oho! Pour rythmer ton nom grand sur les eaux
   sur les fleuves sur toute mémoire
Que j'émeuve la voix des koras, Koyaté! L'encre du scribe
   est sans mémoire.

Oho! Congo couchée dans ton lit de forêts, reine sur l'Afrique
   domptée
Que les phallus des monts portent haut ton pavillon
Car tu es femme par ma tête par ma langue, car tu es femme
   par mon ventre
Mère de toute chose qui a nez, des crocodiles des hippopotames
Lamentins iguanes poissons oiseaux, mère des crues
   nourrice des moissons.
Femme grande! eau tant ouverte à la rame et à l'étrave
   des pirogues
Ma Saô ma femme aux cuisses furieuses aux longs bras
   vêtus de nénuphars calmes
Femme précieuse d'ouzougou, corps d'huile imputrescible
   à la peau de nuit diamantine.

Toi calme, déesse au sourire étale, sur l'élan vertigineux
   de ton sang

O toi l'impaludée de ton lignage, délivre-moi de la surrection de mon sang.
Tam-tam toi toi tam-tam des bonds de la panthère, de la stratégie des fourmis
Des haines visqueuses au jour troisième surgies du poto-poto des marais
Hâ ! sur toute chose, du sol spongieux et des chants savonneux de l'Homme-blanc
Mais délivre-moi de la nuit sans joie, et guette le silence des forêts.
Donc que je sois le fût splendide et le bond de vingt-six coudées
Dans l'alizé, sois la fuite de la pirogue sur le bouclier lisse de ton ventre.
Clairières de ton sein îles d'amour, collines d'ambre et de gongo
Tanns d'enfance tanns de Joal, et ceux de Dyilôr en Septembre
Et nuit d'Asnières en Septembre — il avait fait trop beau trop doux.
Fleurs sereines de tes cheveux, pétales si blancs de ta bouche
Surtout les doux propos à la néoménie, jusques à la minuit du sang.
Délivre-moi de la nuit de mon sang, car guette le silence des forêts.

Mon amante à mon flanc dont l'huile éburnéenne fait dociles mes mains mon âme
Ma force s'érige dans l'abandon, mon honneur dans la soumission
Et ma science dans l'instinct de ton rythme  Noue son élan le coryphée
A la proue de son sexe à la vue du taureau, comme le Tueur aux-yeux-de-torches.
Rythmez clochettes rythmez langues rythmez rames la danse du Maître-des-rames.
Ah ! elle est digne, sa pirogue, des chœurs triomphants de Fadyoutt
Et je clame deux fois deux mains de tam-tams, quarante vierges à chanter ses gestes.
Rythmez la flèche rutilante, la griffe à midi du Soleil

Rythmez, crécelles des cauris, les bruissements de la Grande-
Eau
Et la mort sur la crête de l'exultation, à l'appel irrécusable
du gouffre.

Mais la pirogue renaîtra par les nymphéas de l'écume
Surnagera la douceur des bambous au matin transparent du
monde.

*(Éthiopiques.)*

## Le Kaya-Magan.

KAYA-MAGAN je suis ! la personne première
Roi de la nuit noire de la nuit blanche et de la nuit d'argent
Roi de la nuit de verre.
Passez mes antilopes à l'abri des lions, distants au charme
de ma seule voix.
Le ravissement de vous émaillant les plaines planes du silence !
Vous voici quotidiennes mes fleurs mes étoiles, vous voici
à la joie de mon festin.
Donc paissez mes mamelles d'abondance, et je ne mange pas
qui suis source de joie
Paissez mes seins forts d'homme, l'herbe de lait qui luit sur
ma poitrine.

Que l'on allume chaque soir douze mille étoiles sur la
Grand'Place
Que l'on chauffe douze mille écuelles cerclées du serpent de
la mer pour mes sujets
Très pieux, pour les faons de mon flanc, les résidents de ma
maison et leurs clients
Les guélowârs des neuf tatas des marches et les villages des
brousses barbares
Pour tous ceux-là qui sont entrés par les quatre portes sculp-
tées — la marche solennelle de mes peuples patients ! leurs
pas se perdent dans les sables de l'histoire —

Pour les blancs du Septentrion, pour les nègres du Sud d'un bleu si doux

Et je ne dénombre les rouges du Ponant, et pas les transhumants du Fleuve !

Mangez et dormez enfants de ma sève et vivez votre vie des grandes profondeurs

Et paix sur vous qui déclinez, vous respirez par mes narines.

Je dis KAYA-MAGAN je suis ! Roi de la lune, j'unis la nuit et le jour

Je suis prince du Nord du Sud, du Soleil-levant prince et du Soleil-couchant

La plaine ouverte à mille ruts, la matrice où se fondent les métaux précieux.

Il en sort l'or rouge de l'Homme rouge — rouge ma dilection à moi

Le Roi de l'or — qui a la splendeur du midi, la douceur féminine de la nuit.

Donc picorez mon front bombé, oiseaux de mes cheveux serpents.

Vous ne vous nourrissez seulement de lait bis, mais picorez la cervelle du sage

Maître de l'hiéroglyphe dans sa tour de verre.

Paissez faons de mon flanc sous ma récade et mon pschent de croissant de lune.

Je suis le Buffle qui se rit du Lion, de ses fusils chargés jusqu'à la gueule

Et il faudra bien qu'il se prémunisse dans l'enceinte de ses murailles.

Mon empire est celui des proscrits de César, des grands bannis de la raison ou de l'instinct

Mon empire est celui d'Amour, et j'ai faiblesse pour toi femme

L'étrangère aux yeux de clairières, aux lèvres de pomme cannelle, au sexe de buisson ardent.

Car je suis les deux battants de la porte rythme binaire de l'espace, et le troisième temps

Car je suis le mouvement du tam-tam, force de l'Afrique future.

Dormez faons de mon flanc sous mon haut pschent de lune.

(*Éthiopiques.*)

# David DIOP

## *Né le 9 juillet 1927 à Bordeaux.*

Né d'un père sénégalais et d'une mère camerounaise, David Diop a partagé son enfance entre le Cameroun, le Sénégal et la France, entre le lit d'hôpital et la salle de classe. Ses voyages et les longs jours d'hôpital lui ont donné, de bonne heure, le goût de la lecture et de la réflexion.

Les premiers poèmes que j'ai lus de lui datent de l'année de sa Quatrième. Sous leur forme classique, ils portaient déjà le témoignage d'une vie intérieure originale. On mesure facilement le chemin parcouru à la lecture des poèmes que vient de publier la revue « Présence Africaine » et que nous reproduisons ici.

Ces derniers sont l'expression violente d'une conscience raciale aiguë. Mais sans nul romantisme dans l'expression. Ce qui les caractérise, c'est la sobre vigueur du vers et un humour qui cingle comme un coup de fouet, bref.

Nous ne doutons pas qu'avec l'âge, David Diop n'aille s'humanisant. Il comprendra que ce qui fait la négritude d'un poème, c'est moins le thème que le style, la chaleur émotionnelle qui donne vie aux mots, qui transmue la parole en verbe.

## *Celui qui a tout perdu.*

Le soleil brillait dans ma case
Et mes femmes étaient belles et souples
Comme les palmiers sous la brise des soirs.
Mes enfants glissaient sur le grand fleuve
Aux profondeurs de mort
Et mes pirogues luttaient avec les crocodiles.
La lune, maternelle, accompagnait nos danses
Le rythme frénétique et lourd du tam-tam,
Tam-tam de la joie, tam-tam de l'insouciance
    Au milieu des feux de liberté.

Puis un jour, le Silence...
Les rayons du soleil semblèrent s'éteindre
Dans ma case vide de sens.
Mes femmes écrasèrent leurs bouches rougies
Sur les lèvres minces et dures des conquérants aux yeux d'acier
Et mes enfants quittèrent leur nudité paisible
Pour l'uniforme de fer et de sang.
Votre voix s'est éteinte aussi
Les fers de l'esclavage ont déchiré mon cœur
Tams-tams de mes nuits, tam-tams de mes pères.

## *Le temps du martyre.*

Le Blanc a tué mon père
Mon père était fier
Le Blanc a violé ma mère
Ma mère était belle

Le Blanc a courbé mon frère sous le soleil des routes
Mon frère était fort
Le Blanc a tourné vers moi
Ses mains rouges de sang
      Noir
Et de sa voix de Maître :
« Hé boy, un berger, une serviette, de l'eau ! »


## *Un Blanc m'a dit...*

Tu n'es qu'un nègre !
Un nègre !
Un sale nègre !
Ton cœur est une éponge qui boit
Qui boit avec frénésie le liquide empoisonné du Vice
Et ta couleur emprisonne ton sang
Dans l'éternité de l'esclavage.
Le fer rouge de la justice t'a marqué
Marqué dans ta chair de luxure.
Ta route a les contours tortueux de l'humiliation
Et ton avenir, monstre damné, c'est ton présent de honte.
Donne-moi ce dos qui ruisselle
Et ruisselle de la sueur fétide de tes fautes.
Donne-moi tes mains calleuses et lourdes
Ces mains de rachat sans espoir.
Le travail n'attend pas !
Et que tombe ma pitié
Devant l'horreur de ton spectacle.


## *Souffre, pauvre Nègre.*

Souffre, pauvre Nègre!...
Le fouet siffle
Siffle sur ton dos de sueur et de sang
Souffre, pauvre Nègre !

Le jour est long
Si long à porter l'ivoire blanc du Blanc ton Maître
Souffre, pauvre Nègre !
Tes enfants ont faim
Faim et ta case est vide
Vide de ta femme qui dort
Qui dort sur la couche seigneuriale.
Souffre, pauvre Nègre !
Nègre noir comme la Misère !


## *Défi à la force.*

Toi qui plies toi qui pleures
Toi qui meurs un jour comme ça sans savoir pourquoi
Toi qui luttes qui veilles pour le repos de l'Autre
Toi qui ne regardes plus avec le rire dans les yeux
Toi mon frère au visage de peur et d'angoisse
    Relève-toi et crie : NON !

# MADAGASCAR

# Jean-Joseph RABÉARIVELO

*né le 4 mars 1901 à Tananarive,*
*mort le 22 juin 1937 à Tananarive.*

Rabéarivelo (Joseph-Casimir étaient ses véritables prénoms) eut le bonheur d'avoir une mère qui toujours lui voua une grande tendresse — il était fils unique —, qui, ce qui est mieux, toujours le comprit et encouragea sa vocation poétique, car Rabéarivelo ne vécut en définitive que pour la poésie.

Sa vie extérieure fut terne bien que fertile en difficultés matérielles. De famille noble par sa mère, mais pauvre, renvoyé du collège Saint-Michel (Amparibe) à treize ans, tôt marié, Joseph-Casimir passa toute sa courte vie à changer de métier, à chercher une profession honorable et lucrative qu'il ne trouva jamais. Il était correcteur d'imprimerie quand il renonça à la vie.

Nature riche, tempérament passionné, esprit inquiet, Jean-Joseph Rabéarivelo fit, de sa vie intérieure, un long drame au dénouement tragique. *Volens nolens*. Petit de taille et frêle, le teint clair, l'œil noir, le cheveu frisé, il voulait d'abord goûter à toutes les jouissances de la vie et les épuiser. Ce qui l'amena à user, jusqu'à l'abus, de certains toxiques. Mais sa faim et sa soif furent surtout de nourritures spirituelles.

Il faudrait parler du grand besoin de tendresse qui fut celui du poète, de ses amitiés, singulièrement des délicates amitiés féminines. J'insisterai surtout sur sa passion de la culture. S'il comprenait assez bien le français à sa sortie de l'école, il l'écrivait mal. C'est alors que l'enfant malgache, à peine adolescent, accomplit ce prodige, qui restera dans l'histoire des Lettres, de faire du français, au bout de quelques années de labeur acharné, sinon méthodique, un instrument docile à son génie. Il fit mieux, il s'assimila le génie français avec la langue au point d'être véritablement, comme il l'écrit quelques heures avant sa mort, « naturellement Latin chez les Mélaniens. Et avec les traits de ceux-ci ».

Bien sûr, les premières œuvres de Rabéarivelo sont d'imitation. Je dirai même : naturellement, et il n'était pas mauvais qu'il en fût ainsi Lui-même en avait conscience, qui, envoyant « Chants pour Abéone » à René Maran, écrivait en manière de dédicace : ... « il est vrai que je reste sensible à ces presque premières *gammes* » (c'est moi qui souligne).

Le poète cependant devait atteindre le temps de la maturité. Il y a encore quelques maladresses çà et là dans *Presque-Songes*, *Traduit de la Nuit* et *Vieilles Chansons des Pays d'Imerina*. Mais même ces maladresses ne manquent pas de charmes, qui traduisent l'âme malgache.

Nous sommes, dans ces trois recueils, tellement proches des jaillissantes sources de l'Imerina que nous avons l'impression d'une traduction — si frais est le chant et si harmonieux ! Il n'en est rien, et nous verrons que le style de Ranaivo est encore plus authentique peut-être. L'originalité malgache de Rabéarivelo réside essentiellement dans la spontanéité de l'émotion et le don de la fabulation. Il sait voir et sentir le monde sensible ; il sait surtout, par-delà les apparences, saisir et traduire le rythme de leur vie profonde,

> *Magnifier*
> *le miracle quotidien de la mer et de l'azur.*

C'est pourquoi les livres écrits par lui
> *bruiront de choses irréelles —*
> *irréelles à force de trop être*
> *comme les songes*
>    *( Presque-Songes.)*

Le départ volontaire du prince des poètes malgaches, qui se suicida le 22 juin 1937, pose un problème trop grave pour être éludé, problème individuel et social en même temps. Le poète se débattait, depuis des années, au milieu d'insurmontables difficultés matérielles, et l'Administration française, sollicitée, ne fit jamais rien pour lui venir en aide. Français par l'esprit, il voulait voir sa patrie spirituelle ; l'Administration française lui opposa, par deux fois, un refus méprisant. Ajoutez les chagrins domestiques et la maladie. Ajoutez les hantises littéraires, les images de Chatterton, de Crevel et d'autres. Il ne restait au poète qu'à quitter superbement la vie : il se vengeait ainsi des philistins et de l'Administration colonialiste, s'imposant du même coup à l'attention de ses pairs, les princes de l'art et de la pensée.

Mais ceux-ci n'ont pas attendu ce geste, qui ne manque pas de grandeur, pour dire leur amitié et leur estime au poète Jean-Joseph Rabéarivelo.

Puisse la terre d'Imérina lui être légère !

---

**Bibliographie** : *La coupe de cendres* (1924) — *Sylves* (1927) — *Volumes* (1928) — *Vientos de la Mañara* (Rio de Janeiro) — *Presque-Songes* (traduits du Hova par l'auteur. Présentation de Robert Boudry. Chez Henri Vidalie, Tananarive, 1934) — *Traduit de la Nuit* (Éditions de Mirages, Tunis, 1935) — *Vieilles chansons des pays d'Imerina* (Présentation de Robert Boudry. Imprimerie officielle, Tananarive, 1939).

2

Quel rat invisible,
venu des murs de la nuit,
grignote le gâteau lacté de la lune ?
Demain matin,
quand il se sera enfui,
il y aura là des traces de dents sanglantes.

   Demain matin,
ceux qui se seront enivrés toute la nuit
et ceux qui sortiront du jeu,
en regardant la lune,
balbutieront ainsi :
« A qui est cette pièce de quat'sous
qui roule sur la table verte ? »
« Ah ! ajoutera l'un d'eux,
l'ami avait tout perdu
et s'est tué ! »

Et tous ricaneront
et, titubant, tomberont.
La lune, elle, ne sera plus là :
Le rat l'aura emportée dans son trou.

*(Traduit de la Nuit.)*

3

   La peau de la vache noire est tendue,
tendue sans être mise à sécher,
tendue dans l'ombre septuple.

Mais qui a abattu la vache noire
morte sans avoir mugi, morte sans avoir beuglé,

morte sans avoir été poursuivie
sur cette prairie fleurie d'étoiles ?

    La voici qui gît dans la moitié du ciel.

    Tendue est la peau
sur la boîte de résonance du vent
que sculptent les esprits du sommeil.

    Et le tambour est prêt
lorsque se couronnent de glaïeuls
les cornes du veau délivré
qui bondit
et broute les herbes des collines.

    Il y résonna,
et ses incantations deviendront rêves
jusqu'au moment où la vache noire ressuscitera,
blanche et rose,
devant un fleuve de lumière.

*(Traduit de la Nuit.)*

10

    Te voilà,
debout et nu.
Limon tu es et t'en souviens ;
mais tu es en vérité l'enfant de cette ombre parturiante
qui se repaît de lactogène lunaire,
puis tu prends lentement la forme d'un fût
sur ce mur bas que franchissent les songes des fleurs
et le parfum de l'été en relâche.

    Sentir, croire que des racines te poussent aux pieds
et courent et se tordent comme des serpents assoiffés
vers quelque source souterraine,
ou se rivent dans le sable
et déjà t'unissent à lui, toi, ô vivant,
arbre inconnu, arbre non identifié
qui élabore des fruits que tu cueilleras toi-même.

Ta cime,
dans tes cheveux que le vent secoue,
cèle un nid d'oiseaux immatériels ;
et lorsque tu viendras coucher dans mon lit
et que je te reconnaîtrai, ô mon frère errant,
ton contact, ton haleine et l'odeur de ta peau
susciteront des bruits d'ailes mystérieuses
jusqu'aux frontières du sommeil.

*(Traduit de la Nuit.)*

14

    Voici
celle dont les yeux sont des prismes de sommeil
et dont les paupières sont lourdes de rêves,
celle dont les pieds sont enfoncés dans la mer
et dont les mains gluantes en sortent,
pleines de coraux et de blocs de sel étincelants.

    Elle les mettra en petits tas près d'un golfe de brouillard
et les débitera à des marins nus
auxquels on a coupé la langue,
jusqu'à ce que tombe la pluie.

Elle ne sera plus alors visible,
et l'on ne verra plus
que sa chevelure dispersée par le vent,
comme une pelote d'algues qui se dévide,
et peut-être aussi des grains de sel insipide.

*(Traduit de la Nuit.)*

17

    Le vitrier nègre
dont nul n'a jamais vu les prunelles sans nombre
et jusqu'aux épaules de qui personne ne s'est encore haussé,
cet esclave tout paré de perles de verroterie,
qui est robuste comme Atlas
et qui porte les sept ciels sur sa tête,

on dirait que le fleuve multiple des nuages va l'emporter,
le fleuve où son pagne est déjà mouillé.

    Mille et mille morceaux de vitre
tombent de ses mains
mais rebondissent vers son front
meurtri par les montagnes
où naissent les vents.

    Et tu assistes à son supplice quotidien
et à son labeur sans fin ;
tu assistes à son agonie de foudroyé
dès que retentissent aux murailles de l'Est
les conques marines —
mais tu n'éprouves plus de pitié pour lui
et ne te souviens même plus qu'il recommence à souffrir
chaque fois que chavire le soleil.

*(Traduit de la Nuit.)*


28

    Écoute les filles de la pluie
qui se pousuivent en chantant
et glissent
sur les radeaux d'argile
ou d'herbes de glaïeuls
qui couvrent les maisons des **vivants**.

    Elles chantent,
et leurs chants sont si passionnés
qu'ils deviennent des sanglots
et se réduisent en confidences...

    Peut-être pour mieux faire entendre
cet appel d'oiseau qui t'émeut.

    Un oiseau seul au cœur de la nuit,
et il ne craint pas d'être ravi par les Ondines ?
O miracle ! ô don inattendu !

Pourquoi rentres-tu si tard ?
Un autre a-t-il pris ton nid
tandis que tu étais en quête d'un rêve au bout du monde ?

*(Traduit de la Nuit.)*

29

    Il est une eau vive
qui jaillit dans l'inconnu
mais qui mouille le vent
que tu bois,
et tu aspires à sa découverte
derrière ce roc massif
détaché de quelque astre sans nom.

    Tu te penches,
et tes doigts caressent le sable.
Soudain tu repenses à ton enfance
et aux images qui l'ont charmée —
surtout à celle où ces mots naïfs mais étonnants se trouvaient
    « LA VIERGE AUX SEPT DOULEURS »

    Et voici une autre eau vive
qui ne cesse de sourdre sous tes yeux,
mais qui attise ta soif :
ton ombre
— l'ombre de tes rêves —
devient septuple
et, émergeant de toi,
alourdit la nuit déjà dense.

*(Traduit de la Nuit.)*

## *Danses.*

Chuchotement de trois *valiha*,
    son lointain d'un tambour en bois,
    cinq violons pincés ensemble
    et des flûtes bien perforées :

la femme-enfant avance avec cadence,
vêtue de bleu — double matin !
Elle a un lambe rose qui traîne,
et une rose sauvage dans les cheveux.

Est-ce une pousse d'herbe haute, est-ce un roseau
qui s'agite à l'orée du bois ?
Est-ce une hirondelle des jours calmes,
ou une libellule bleue au bord du fleuve ?

La femme-enfant avance en cadence,
muette soudain de bonheur,
Elle écoute trois *valiha*, un tambour en bois,
des violons et des flûtes.

Mais voici que ses lèvres tremblent,
où surgissent des songes
irrésistibles au point de devenir des plaintes,
et même des chants après !

Et la vieille femme s'émeut aussi
et vient prendre part à la danse :
un pan de son pagne est dans la poussière,
tout comme ses jours qui déclinent.

Ce ne sont ni plaintes, ni chants
qui fleurissent son visage :
des larmes l'imprègnent seules
au souvenir de tous les morts...

Se souvenir... Comme une pleine lune
près de chavirer et de n'être plus visible,
voici le printemps qui s'effeuille
et n'est plus qu'un tombeau de feuilles mortes...

Et les doigts se rencontrent :
les doigts frêles de la femme-enfant
et les doigts inertes de la vieille femme,
doigts pareillement translucides —

se rencontrent et forment comme une passerelle
    qui relie le crépuscule
    déjà éclos sur les collines
    avec le jour qu'annonce le coq !
(Presque-Songes.)

## *Flûtistes.*

Ta flûte,
    tu l'as taillée dans un tibia de taureau puissant,
    et tu l'as polie sur les collines arides
    flagellées de soleil ;
    sa flûte,
    il l'a taillée dans un roseau tremblotant de brise,
    et il l'a perforée au bord d'une eau courante
    ivre de songes lunaires.

Vous en jouez ensemble au fond du soir,
    comme pour retenir la pirogue sphérique
    qui chavire aux rives du ciel ;
    comme pour la délivrer
    de son sort :
    mais vos plaintives incantations
    sont-elles entendues des dieux du vent,
    et de la terre et de la forêt,
    et du sable ?

Ta flûte
    tire un accent où se perçoit la marche d'un taureau furieux
    qui court vers le désert
    et en revient en courant,
    brûlé de soif et de faim,
    mais abattu par la fatigue
    au pied d'un arbre sans ombre,
    ni fruit, ni feuilles.
    Sa flûte
    est comme un roseau qui se plie
    sous le poids d'un oiseau de passage —

non d'un oiseau pris par un enfant
et dont les plumes se dressent,
mais d'un oiseau séparé des siens
qui regarde sa propre ombre, pour se consoler,
sur l'eau courante.

**Ta flûte**
et la sienne —
elles regrettent leurs origines
dans les chants de vos peines.

*(Presque-Songes.)*


## *Cactus.*

Cette multitude de mains fondues
    qui tendent encore des fleurs à l'azur,
cette multitude de mains sans doigts
que le vent n'arrive pas à agiter,
on dit qu'une source cachée
sourd dans leurs paumes intactes ;
on dit que cette source intérieure
désaltère des milliers de bœufs
et de nombreuses tribus, des tribus errantes,
aux confins du Sud.

Mains sans doigts jaillies d'une source,
    mains fondues couronnant l'azur.

Ici,
    quand les flancs de la Cité en étaient encore aussi verts
que les clairs de lune bondissant dans les forêts,
quand elles éventaient encore les collines d'Iarive
accroupies comme des taureaux repus,
c'était sur des rochers escarpés et défendus même des
                                                               [chèvres
qui s'isolaient, pour garder leurs sources,
ces lépreuses parées de fleurs.

Pénètre la grotte d'où elles sont venues
    si tu veux connaître l'origine du mal qui les décime
    — origine plus nébuleuse que le soir
    et plus lointaine que l'aurore —,
    mais tu ne sauras pas plus que moi :
    le sang de la terre, la sueur de la pierre
    et le sperme du vent
    qui coulent ensemble dans ces paumes
    en ont dissous les doigts
    et mis des fleurs d'or à la place.

Je sais un enfant,
    prince encore au royaume de Dieu,
    qui voudrait ajouter :
    « Et le Sort, ayant eu pitié de ces lépreuses,
    leur a dit de planter des fleurs
    et de garder des sources
    loin des hommes cruels. »

(Presque-Songes.)


## *Ton œuvre.*


« Tu n'as fait qu'écouter des chants,
    tu n'as fait toi-même que chanter ;
    tu n'as pas écouté parler les hommes,
    et tu n'as pas parlé toi-même.

« Quels livres as-tu lus,
    en dehors de ceux qui conservent la voix des femmes
    et des choses irréelles ?

« Tu as chanté, mais n'as pas parlé,
    tu n'as pas interrogé le cœur des choses
    et ne peux pas les connaître »,
    disent les orateurs et les scribes
    qui rient de te voir magnifier
    le miracle quotidien de la mer et de l'azur.

Mais tu chantes toujours
    et t'étonnes en pensant à l'étrave
    qui cherche une route intracée
    sur l'eau étale
    et va vers les golfes inconnus.
    Tu t'étonnes en suivant des yeux cet oiseau
    qui ne s'égare pas dans le désert du ciel
    et retrouve dans le vent
    les sentiers qui mènent à la forêt natale.

Et les livres que tu écris
    bruiront de choses irréelles —
    irréelles à force de trop être,
    comme les songes.

*(Presque-Songes.)*

## *Vieilles chansons des pays d'Imérina.*

### XX

Nos lambes à nous, ô Bien-aimé, nous les laverons ensemble, et nous nous draperons tous les deux avec le premier qui sera séché.

— Jadis, nous étions deux pieds de figuiers que saccageaient les fous ; maintenant, nous sommes un pamplemousse double bien gardé : qui ne sait être caressant n'a rien ; qui ne peut acheter n'obtient rien.

— Le bananier fécond jouit-il lui-même de ses fruits ? Les brandons protecteurs qu'on plante sont-ils les maîtres du champ ?

— On mange le riz de sa récolte, mais sans prétendre en avoir pour toute l'année.

### XXI

L'amour, ô mon parent, a le parfum de la forêt comme le citron ! Et ce n'est ni par coquetterie ni par caprice que je vous parle ainsi, mais parce que je veux vous avoir tout entier !

## XXXIII

— Qui est là, au nord du foyer ?
— C'est moi, Celle-qui-a-un-visage-d'or.
— Qui est là, à l'ouest du foyer ?
— C'est moi, La-fine-et-crépue qui chasse le remords.

— Ses deux mains sont pleines d'oranges ; je lui en demanderais bien, mais j'ai honte d'elle. Si pourtant j'écoutais trop ma honte, l'eau en arriverait à ma bouche !

— Qui écoute trop sa honte n'aura rien ; qui craint ses responsabilités n'aura pas ce qu'il désire !

## XXXVI

Rendez, rendez hommage à la Cité-des-Mille ; ne manquez, ne manquez pas à la Belle-Colline ! Qu'elles sont étranges, les jeunes femmes d'Iarive : à peine s'est-on croisé que déjà elles disent : « Donnez-moi de l'argent ! » Allons plus loin si nous voulons chercher femme : si les fruits des figuiers ne nous rassasient là-bas, au moins jouirons-nous de l'ombrage dispensé par les feuilles.

## XLII

Si j'étais fourmi, je ramperais ; si j'étais oiseau, je volerais — et je serais comme une autre branche sur la cime de tel arbre, et de là je chercherais à voir de loin la fille de l'homme : serait-elle malade, serait-elle souffrante ? voici assez longtemps qu'on ne s'est vus.

## L

Indigotier qui fleuris pour la deuxième fois, ambrevade qui fleuris pour la troisième : ramassez ce que vous avez répandu, reprenez ce que vous avez délaissé : trois fois vous avez changé, et trois fois n'avez guère trouvé mieux !

# Jacques RABÉMANANJARA

*né en 1913 à Tananarive.*

Études au collège des Jésuites de Tananarive. Ses humanités terminées il entre dans l'Administration coloniale.

A ce titre, il eut la chance, en 1939, d'être envoyé au Ministère des Colonies pour y faire un stage. C'est là que le trouve la seconde guerre mondiale. L'occupation l'empêche de rentrer à Madagascar ; il en profite pour préparer, avec succès, une licence ès lettres ; il en profite surtout pour fréquenter les milieux littéraires, lire et écrire.

A vrai dire, sa vocation littéraire s'était manifestée très tôt, et la bouillante activité qui l'avait poussé à fonder, à Tananarive, *La Revue des Jeunes*. L'évolution littéraire de RABÉMANANJARA rappelle, par bien des points, celle de RABÉARIVELO, dont il n'a pas honte d'ailleurs de se proclamer le disciple.

RABÉMANANJARA a commencé, lui aussi, par imiter les grands poètes français du siècle dernier : romantiques, parnassiens et symbolistes. Ses trois premiers recueils : *L'Éventail de Rêve*, *Aux Confins de la Nuit* et *Sur les Marches du Soir* en portent des traces trop facilement perceptibles. Ils n'en révélaient pas moins des dons authentiques qui permettaient d'augurer favorablement des œuvres postérieures du poète.

Celui-ci, qui avait déjà donné comme devise à *La Revue des Jeunes* : « Devenir Français tout en restant profondément Malgache », allait bientôt, à l'exemple de RABÉARIVELO et au contact du mouvement néo-nègre de Paris, revenir et se retremper aux sources malgaches. *Les Dieux Malgaches*, une pièce de théâtre qui faillit être jouée à l'Odéon, marque le début de cette heureuse évolution.

Mais ce n'est pas à la poésie populaire des *hain-teny* que revient RABÉMANANJARA. Le romantique de son tempérament le guidait plutôt vers les sources royales. Et de fait, c'est le style des « proclamations » qu'il retrouve dans les torrents des altitudes et de son sang. On a vite fait de se moquer ; cela ne va pas loin. La solennité de RABÉMANANJARA n'est pas pseudoclassicisme, forme vidée d'âme. Tout au contraire, c'est sens du rite et de la fête, de l'union intime de l'image et de l'idée, du signe et du sens.

D'où, dans les meilleurs de ses poèmes inédits — La *Lyre à sept cordes* et l'*Apothéose* — ces images simples et splendides en même temps comme l'éclair, ces phrases d'une harmonie grave comme la marche des dieux et des princes. Ce n'est pas tout Madagascar, ce n'est peut-être pas le meilleur de Madagascar, c'est en tout cas de l'authentique poésie malgache !

Pour finir, le lecteur sera peut-être curieux de savoir que RABÉMANANJARA — teint acajou, cheveux frisés — n'est pas *hova*, mais *betsimisaraka*. Les *Betsimisaraka*, venus de l'Océanie, seraient des métis de Mélanésiens et de Polynésiens.

Le poète a passé près d'un an dans une prison de Tananarive où l'épreuve a mûri son talent. Pour nous — et ce n'est pas être partisan que de le proclamer, — nous ne pouvons croire que le chantre de la noblesse et de l'amour ait fait verser du sang innocent.

BIBLIOGRAPHIE : *L'Éventail de rêve* (Madagascar) — *Aux confins de la nuit* (Madagascar) — *Sur les marches du soir* (Gap, 1940) — *Les dieux malgaches* (Paris, 1942) — *Lyre à sept cordes* (inédit) — *Apothéose* (inédit) — *Rites millénaires* (inédit) — *Chants* (inédit).

## *Lyre à sept cordes.*
### *(Cantate).*

Tu me suivras, Sœur pâle,
Élue avant l'aube du monde !
Fiancée anté-néant !
Raison unique de la Création ! Force de mon destin !

Tu viendras.
Vains
Seront les cris de ton sang, l'orgueil de ta race qui gronde.

Tu me suivras.
Marche d'amour ! Vol de colombe !
O Fraîcheur du premier matin !

Tes frères
Sont devenus sourds,
insensibles jusqu'à l'odeur de la poudre, aux fureurs des tonnerres.
Plus durs
que le granit les cœurs ivres de carnage et de mort.

La douceur de ton message, ma sœur,
a seulement ému les rangs multimillénaires
des étoiles,
seulement ému mon âme primitive,
miroir et seul double de ton sort.

Ils n'ont rien compris
dans le tumulte du massacre, dans l'embrasement des incendies.
La folie
a galopé

hennissante,
des entrailles de l'abîme au sommet déchiré de l'espace et du
   ciel.

Des quatre points de l'horizon, pourtant,
s'élèvent
les sons de la trompette et les courbes de tes hautes mélodies,
O Paix !
Fille de la Terre douloureuse !
Image de l'Aimée et miel du printemps sur les rives bleues
   d'Assoussiel.

Qu'importe
l'éclat de l'asphalte et du marbre nu ! Fables de vos cités
   sonores !
Plus rapide
que l'éclair et les battements de tes cils s'écroulent gloire et
   palais.
De la flamme,
du sable
tout est proie : il n'est rien ici que les mains du temps ne
   déshonorent.

La Faux
marque sans rémission
la face du héros et le dos des fuyards,
les reins du prince et des valets !

Pleure tes fils, Europe ! Pleure !
Les plus rares fleurs du sol et le sel et les prémices de la vie
tombent...
    Planent
sur les plaines rouges les corbeaux de la nuit, veilleurs de
   tombeaux.
L'ouragan tonne !
    Où donc la plénitude de l'Été ? L'extase de la saison
       ravie ?
L'allégresse exaltante du Printemps, le bal de minuit sous le
   faste des flambeaux !

    Où donc la plénitude de l'Été ?

Debout, Sœur pâle, debout !
Du haut de la cime des Continents, sur l'Éminence unique,
dis le psaume des adieux,
dis les versets de l'Aventure !
Lyrique soit ton Chant du Départ !

Comme les pèlerins sur le chemin de la solitude,
vêtus de simples tuniques,
un même viatique apaisera les tourments jumeaux de nos
 cœurs,
de nos visages sans ride ni fard.

Mienne tu fus avant que d'être,
Mienne avant même la mémoire des Dieux et des âges.
Consécration, mon choix !
Mon Amour, couronnement et confirmation de ta splendeur !
Des siècles sans nombre n'ont été
que pour préfigurer nos messages
polir la voix abrupte
où
renaît sous nos pas le rythme de l'Antique candeur.

Tu viendras, Sœur pale, au pays du rêve, au bord des sources
 royales.
Blanche, blanche l'orchidée au col de la Colline d'Alassour !
La pivoine embrase les sentiers sous les feux des couleurs
 immémoriales.
Et la brise du Sud trouble l'étang virginal d'une confidence
 d'amour.

Découvre le nouveau territoire...
    ... Mais avant de franchir les douze portes de Frontière,
fais halte !
    L'ombre du latanier en fleurs embaume le Grand Conseil
 des Chefs et des héros,
ce soir. Que frémisse la conque même et danse d'orgueil la
 tribu tout entière !
Ton jour d'épiphanie, O Sœur ! Révèle-toi selon les Rites ances-
 traux !
    Je te glorifie en plein midi. La ferveur de ma race, comme

la marée haute au lever de la lune d'été, monte et déferle en vagues folles à tes pieds nus.

La piastre neuve, c'est toi. Salut ! Les princes du Centre et de la Côte dressent leur lance à ton passage et, pour nous accueillir, nos Morts, les Grands morts migrateurs sont revenus !

O Mânes vénérés !
Dynastes de haute lignée !
Voici le cœur retrouvé de l'Errant !
Qui peut compter les sables blancs ou noirs foulés par les pieds
  du Conquérant !
Lourde, lourde mon épaule sous le poids d'une double destinée...

J'ai mesuré
d'un pas ferme l'étendue de l'Univers. Rien n'a pu satisfaire
  ma grande quête d'amour
ni calmer mon mal invétéré.
Trop pure l'exigence de mon sang, du sang terrible dont vous
  avez fécondé mes veines
Et mon âme jouait d'indifférence et mon cœur était demeuré
sourd
aux ruses de la fée, aux appels enchanteurs des sirènes !
Des douces sirènes, pourtant,
des douces sirènes aux voix vaines
Comme les Filles du vent dans la baie houleuse d'Antongil...

Mon orgueil
florissait aussi sûr, aussi bleu qu'au milieu de l'Océan la fermeté de la Grande Ile !
Mais la rencontre décisive, ô mes Aïeux, a frappé sans retour,
comme la foudre l'herbe tendre de la savane,
a frappé sans retour la face éclatante du soleil d'hier.

Mer de flamme et de pourpre dans la nuit
la forêt où s'est abattu le feu du ciel. Ma chair
vive
n'est plus qu'incandescence ! De la racine à la fleur de tout
  l'être, je brûle, calciné ! Je tremble, liane
livrée aux jeux du cyclone, aux caprices fous du Cancer.

Ma gorge,
haletante comme l'athlète nordique, comme le coureur du désert,
qui s'abreuve au puits des Dieux, dans l'Oasis diaphane.

Celle que je cherchais depuis toujours, mirage sur la route de la caravane
Elle est là
Tout humble sous votre regard d'Aigle,
sous votre regard paternel et fier...
Contemplez sa tête de Reine, la ligne de son corps. Lys au milieu de la Vallée.
La gazelle dans le désert du Sud a moins de souplesse que ses reins.
Qu'est-ce donc la moisson mûre, orgueil de la plaine étalée ?
Les champs du Menabé n'ont pas connu d'épis aussi précieux qu'un tel grain !

Bénissez-la, Pères Saints ! Bénissez l'Épouse sans tache.
L'éclair
d'un seul regard et tout mon destin s'est précipité dans la course sans frein.
Mon âme a surpris sur le front clair l'auréole du signe malgache,
du signe, hélas ! oublié, fierté jadis de la race, noblesse des vieux clans :
Double arc-en-ciel au crépuscule les longs sourcils. Les lèvres
Fragile enroulement de fleur inachevée, de corolle inductive...

    Cent et cent mille ans
sont tombés,
dès que nous ont arrachés du sol les frissons des premières fièvres.
Nous nous sommes reconnus soudain, sans possibilité d'erreur,
Frère et sœur dans la profondeur de l'être, un dans le miracle de l'étreinte.
Frère et sœur comme le temps et la Genèse !...
    Puis la brusque terreur
de la mort nous a saisis, liés à jamais par toutes les fibres du désir Folle Crainte !

Pur enfant du tourment, de larmes et de sang nourri, l'Amour, nouveau,
grandit, grandit, grandit jusqu'à ta mesure, Éternité !
Altitude ! Abîmes ! Jusqu'au niveau
de l'autonome félicité !
Quelle béatitude, ma sœur ! Quelle grâce nous a comblés !...

       Mais de la couche d'ivresse
me ravit le souvenir, chers Morts, du pacte fait sur vos autels.
La nostalgie
enserre mes reins, ligote ma joie ainsi que fagots de brousse !
O singulière détresse !
Moi, votre Fils,
l'authentique humain, fragile comme verre, étranger m'a jugé
l'assemblée des mortels.

Se ferment alors mes yeux lourds. Ni tes merveilles, ni ton culte, fabuleuse et froide Europe !
Mystère le travail de la neige ! Mystère la loi des vains holocaustes, de l'obus meurtrier !
Mystère de l'homme de la rue !...
       Et, quand vers leur ciel gris, je tends mes mains avides de prier,
le Regret m'envahit du sol rouge où fleurit le tendre héliotrope !

Là-bas, tout est légende et tout est féerie. Et l'azur
s'anime d'un cristal au ton mythologique.
Douce, la vie est douce à l'ombre du vieux mur
qui vit nos grands Aïeux, Conducteurs de tribus, Fondateurs de royaumes
parés de leur jeunesse épique,
parés de pagnes bigarrés,
parés de gloire et de clarté comme les astres du Tropique.

Là-bas, c'est le soleil ! C'est le bel été, caressant et tragique !
C'est l'homme au cœur plus vrai que l'acier le plus pur !
Et c'est la race enfant, chantante et pacifique,
pour avoir vu le jour aux bords harmonieux du Pacifique.

Et sur la natte neuve, au milieu des encens et de rares parfums,
ma mère t'apprendra le saint culte des Morts, la prière aux défunts.
Et t'apprendront mes sœurs, après le bain du soir et les rondes mystiques,
mes sœurs, Vierges d'Assoumboule et Filles de devins,
t'apprendront le secret des paroles magiques
pour envoûter les cœurs des princes nostalgiques.

Et tu l'aimeras, mon pays,
mon pays où le moindre bois s'illumine de prestiges divins !
Et les montagnes et les lacs et les remparts et les ravins.
Un fût de pierre sur la route, un fût de pierre, tout est sacré, tout porte l'empreinte
encore vive des pèlerins captifs du Paradis.

Là-bas, rien n'est stérile et le tombeau lui-même à l'angle de l'Enceinte,
engendre des bonheurs chaque jour inédits,
nouveaux comme l'aurore et, comme le désir, sans cesse renaissants et toujours agrandis !

Et puis, quand on a bu l'eau du Manangarèze,
qu'était-ce du Lethé le sortilège vain ?
Montparnasse et Paris, l'Europe et ses tourments sans fin
nous hanteront parfois comme des souvenirs ou comme des malaises.
Aux derniers cris des Continents,
insensibles nos cœurs rénés à la ferveur des hautes solitudes,
ivres de songes seuls, double offrande lyrique au vent des Altitudes
et gardiens de la source où rutile la paix des Astres éminents.

Et tu préféreras la douceur d'une fraise, oh ! d'une simple fraise
cueillie au petit jour au creux de nos falaises,
quand nous aurons rêvé sur le Manangarèze !...
Tu t'émerveilleras de voir des oiseaux blancs,
plus blancs que neige et nacre, escorter, vigilants,

des berges de l'Alôtre aux rives de l'Ikoupe,
la génisse nomade aux yeux de pleine lune aussi beaux qu'une coupe.

Et, vois-tu, le long des buissons, les fiers taureaux aux lentes marches,
graves comme des rois, vénérés comme des patriarches !
Pour célébrer ton nom et consacrer l'éclat de tes hauts attributs,
Un sang riche, ma sœur, arrosera l'autel de nos douze tribus.

Danseront tour à tour autour du Feu sacré les Princesses Célestes
L'ivresse du tam-tam affranchira ton cœur de tous ennuis funestes.
Épouse exorcisée avec l'eau de l'aurore, Astre d'un grand Seigneur,
tu laisseras ta voix rayonner, lumineuse, en la lice attentive.

Et les roses d'Imangue et les lis d'Iarive
et les plus rouges fleurs aux abords de Tritive
de couronner ta tête et orner ton manteau s'arracheront l'honneur !

Bien simples nos mystères et ne sont point farouches.
Mais
quel feu sort de la terre et dévore au loin les flancs rocheux du Karthala ?
Dans les gorges du Manamboule voir l'arc-en-ciel aux sept bouches !

Trop vieille es-tu, trop vieille, Europe, pour renaître à ces choses-là.

Mais prodige évident, celui-ci : brûle moins le volcan du Nord que le désir au fond de nos couches,
O Bien-Aimée !
Et mieux que tous les fleuves du Monde, mieux que toutes les sources, que toutes les liqueurs,
ta cruche en terre sèche

contient l'eau scellée et l'eau fraîche
qui, seule, désaltère les Dieux et berce la soif des Vainqueurs !

Par ce soir où s'égrène en mineur le Chant de la Flûte en bambou, du Songe nyctalope,
Le regret m'étreint du sol rouge où fleurit le tendre héliotrope !...

Vers toi je me surprends à crier :
Je te reviens, Terre natale !
Je te reviens rayonnant comme l'Annoncier de la paix, comme le Guerrier
de la Victoire !
Le butin réjouira tes entrailles, vieille Terre de flamme :
L'Amour total ! L'Amour vivant de la Femme !

Sur les chemins du retour nous avons mêlé nos deux voix.
Elles ont retrouvé toutes seules le rythme augural d'autrefois !
Toutes seules retrouvé les couplets de l'unique épithalame !
Toutes seules alterné
les refrains de tes filles puisant l'eau claire à la fontaine du Vieux bourg.

Blanche, blanche, l'orchidée au col de la colline d'Alassour !
La pivoine embrase les sentiers sous les feux des couleurs immémoriales
La Sarcelle verte rejoint les roseaux sûrs du Maningour !
Et la brise du Sud trouble l'étang virginal d'une confidence d'Amour.
Tu viendras, Sœur pâle, au pays du rêve au bord des sources royales.
Blanche, blanche l'orchidée au col de la colline d'Alassour !

*A mon ami M. de La Roche,*
*à l'artiste et au poète.*

## CHANT XXII

Bleu, si bleu cet œil du ciel
    derrière la vitre !
La vie en fleur entre mes cils.
L'azur entier dans mes paupières.
Bleu, si bleu cet œil du ciel
    derrière la vitre !

Mornes, si mornes ces quatre murs !
La mort imprègne terre et pierre
d'une sueur d'outre-planète...
Frais, si frais ces cris d'enfant
    dans l'alme enclos.

Mais qui l'entendra, claire Innocence,
    ton chant trop pur,
    ta voix trop douce
    dans le vacarme de la nuit !

La force aveugle de l'abîme
    tire de son fouet
Le son aigre de l'agonie !
La peau tendre de la douleur
saigne au baiser dur de la corde.

Les étoiles meurent sans un soupir.
Quelle main levée à l'horizon
Va tendre aux lèvres des héros
l'offrande rouge de l'Aurore !

Du sang, je n'en ai point versé.
De la mort, je n'en ai point semé.
Mes doigts sont clairs comme un printemps.
Mon cœur est neuf comme une hostie.

Mais qui l'entendra, chaste Guerrier,
 ta voix trop pure,
 ton chant trop doux
dans le croassement des ténèbres ?

Bleu, si bleu cet œil du ciel
 derrière la grille !
Frais, si frais ces cris d'enfant
 dans la pelouse !
La vie en fleur entre mes cils.
L'azur entier dans mes paupières.
L'innocence entre les plis de l'âme...

*12 juin 1947*
*Prison Civile — Tananarive.*

# Flavien RANAIVO

*né le 13 mai 1914 à Arivonimamo.*

Flavien Ranaivo est né au cœur du pays d'Imerina, à quelque 50 kilomètres de Tananarive, d'un père qui fut, pendant quelques années, gouverneur d'Arivonimamo.

Il a passé toute son enfance, comme il l'écrit lui-même, « à Tananarive et dans sa banlieue, entre les hautes murailles de latérite, sous les arceaux des manguiers, à travers les sentiers accrochés aux pentes abruptes qu'abritent mal les lilas de Perse de leurs branches nues élevées vers le ciel comme pour implorer des dieux invisibles ». Depuis, il est resté toujours dans le même cadre. Ce détail est important ; et aussi qu'on lui a enseigné la musique avant l'alphabet. Ajoutons qu'il n'alla pas à l'école avant l'âge de huit ans.

Tout cela explique que Ranaivo se soit assez vite libéré des influences françaises, plutôt qu'il les ait assimilées. Plus qu'une découverte de la poésie malgache, il y a, chez lui, retour aux sources ; approfondissement plus qu'enrichissement de sa personnalité. Ce n'est pas aux sources royales que revient Ranaivo, comme Rabémananjara, mais à la veine populaire des *hain-teny*, qui avait si heureusement mûri le talent de Rabéarivelo.

Cependant Ranaivo va plus loin que ce dernier. Il prend la poésie malgache d'expression française au point précis où l'avait laissée Rabéarivelo et lui fait franchir un pas décisif. Son style est à la fois plus original et plus authentiquement madécasse. C'est le style des *hain-teny*, où tous les mots inutiles, singulièrement les mots-outils, sont supprimés, un style dense de « temps forts » fait d'antithèses, de parallélismes et de dissymétries, surtout d'inversions, d'ellipses et de syllepses. Mais le poète a assimilé la pensée et la technique françaises. D'où des poésies d'un souffle plus ample que celui des *hain-teny*, d'une pensée et d'une émotion plus irradiantes bien que les thèmes et la jaillissante imagerie restent madécasses.

Bibliographie : *L'Ombre et le Vent* (préface de O. Mannoni, illustrations d'Andriamampianina, Tananarive, 1947).

## *Vulgaire chanson d'amant.*

Ne m'aimez pas, ma parente,
comme votre ombre
car l'ombre au soir s'évanouit
et je dois vous garder
jusqu'au chant du coq ;
ni comme le piment
qui donne chaud au ventre
car ne pourrais alors
en prendre à ma faim ;
ni comme l'oreiller
car on serait ensemble aux heures du sommeil
mais on ne se verrait guère le jour ;
ni comme le riz
car sitôt avalé vous n'y penseriez plus ;
ni comme les douces paroles
car elles s'évaporent ;
ni comme le miel,
bien doux mais trop commun.
Aimez-moi comme un beau rêve,
votre vie la nuit,
mon espoir le jour ;
comme une pièce d'argent,
sur terre ne m'en sépare,
et pour le grand voyage
fidèle compagne ;
comme la calebasse,
intacte sert à puiser l'eau,
en morceaux, chevalets pour valiha.

*(L'Ombre et le Vent.)*

## Chanson de jeune femme.

Pleutre
le jeune homme qui habite là-bas
près de l'aire-où-l'on-dépique-le-riz ;
comme deux pieds de bananiers
de part et d'autre du fossé du village,
nous nous regardons,
nous sommes amants,
mais il ne veut m'épouser.
Jalouse
sa concubine que j'aperçus avant-hier au lavoir
en descendant le sentier contre le vent.
Elle était fière ;
était-ce parce qu'elle portait un lamba épais
et affublée de coraux
ou parce qu'ils sont nouveaux conjoints ?
Ce n'est pourtant pas la bourrasque
qui aura raison du frêle roseau,
ni la grosse pluie éphémère
au passage d'un nuage
qui surprendra outre mesure
le bœuf bleu.
Je suis étonnée ;
le grand rocher stérile
brava la pluie diluvienne
et c'est dans l'âtre que crépitent
les mauvais grains de maïs.
Tel ce fumeur de renom
qui prisa du tabac
quand il n'eut plus de chanvre à brûler.
Pied de chanvre ?
— Germe dans l'Andringitra,
s'effrite dans l'Ankaratra,
n'est plus que cendres chez nous.

Flatterie perfide
un peu stimule l'amour
mais lame à deux tranchants ;
pourquoi changer ce qui est nature ?

— Si vous êtes triste de moi,
mirez-vous dans l'eau du repentir,
vous y déchiffrerez un mot que j'ai laissé.
Adieu, gyrin perplexe.
je vous donne bénédiction :
luttez contre le caïman,
voici des victuailles et trois fleurs de nénuphar
car longue est la route.

(L'Ombre et le Vent.)

## *Chercheuse d'eau.*

Colombe est-elle celle
qui dévale
le sentier rocailleux
et glisse telle
une pierre capricieuse
sur la pente abrupte
vers la fontaine ?

Chercheuse d'eau.

Elle descend,
prudente mais gauche,
s'accroche
à chaque fois
d'une main
aux feuilles d'aloès
lisses et pointues,
de l'autre
tient la cruche en terre
— en terre du pays —
Ne sont guère sûrs

ces pieds
nus
d'Imernienne.
A quoi peut-elle rêver
sous son lamba épais
qui moule néanmoins
des seins
que l'on devine durs,
lisses et pointus ?
— A quoi pouvez-vous rêver
Teint-d'ambre,
Yeux-en-amande ? —
A quoi peut-elle penser
celle-qui-n'a-jamais-connu
ni joie ni tristesse
ni l'amour ni la haine...
Attirantes pourtant
ces lèvres
menteuses :
tant elles sont
lisses et pointues.
Un souffle,
le souffle d'une brise
a tôt fait de brouiller
la chevelure noire.
A quoi peut-elle rêver
ce corps sans âme
qui brouille
l'âme du poète ?
Douce
déception.

Au tournant du sentier
l'attend
l'amant
sous le grand figuier :
— Dites, ô figuier qui regardez là-bas vers les rizières
et qui portez des fruits mûrs,
fruits du ciel ou de la terre ?
Est-ce sous votre ombre matinale

ou l'ombre du souvenir
que s'abrite le-repiqueur-de-riz-vaincu-par-l'amour
qui s'est marié un jour d'été ?
Car ne suis,
ô figuier,
celle-qui-est-vaincue-par-l'amour,
je suis l'amoureuse-qui-aime.
Je voudrais me mettre sous vos branches
et envoyer un message à la lune,
cette lune là-bas que j'aperçois
par les interstices des feuilles.
Rendra ma voix plus harmonieuse
l'arrière goût amer de vos fruits
que j'essaie de cueillir :
ils sont trop hauts.
Celui-qui-m'aime
n'est pas à portée du bras.
Je saisis l'invisible.
et ne lâche point prise.
Apportez-lui mes soupirs,
seul mon amant saura s'en emparer.

— Vous avez chargé le grand figuier
de me remettre un message
car l'amontana a refusé de le prendre,
le voara de la plaine
n'a daigné vous répondre.
Je suis parti
car j'avais attendu longtemps dans le soir ;
j'ai marché
car j'étais las d'entendre les vaines promesses.
Dites-moi, colline,
où l'herbe verte s'est enflammée,
cette nuit de lune n'est-elle celle
du chant du coq ?
Elle ressemble plutôt à l'Ikopa
à la pointe du jour :
quelques reflets clignotent dans l'ombre.
J'ai creusé un fossé
dans l'espoir d'y trouver une fontaine

pour me désaltérer
et vous dites
que c'était pour cueillir l'eau des pluies.
La traverseriez-vous à la nage
ou en pirogue au printemps ?
Vous y noyeriez-vous en été ?
Revenez en hiver, vous trouvez un puits.
L'espace sera mon domaine,
la lune mon belvédère,
le ciel mon jardin,
les étoiles mes fleurs.
Je vous ferai signe
à l'orée de la nuit :
j'agiterai le pan de mon lamba.
Empruntez alors
le chemin que nous faisions ensemble,
repassez à gué
la rivière que nous rencontrions,
et lorsque vous aurez
pour moi
poussé un soupir,
les figues tomberont...
Amour fugace,
colin-maillard au clair de lune,
jeu d'antan,
n'est plus de mise.

*(L'Ombre et le Vent.)*

## Épithalame.

Un petit mot, Monsieur,
un petit conseil, Madame.
Je ne suis pas celui-qui-vient souvent
comme une cuiller de faible capacité,
ni celui-qui-parle-à-longueur de journée
comme un mauvais ruisseau à travers la rocaille,
je suis celui-qui-parle-par-amour-pour-son-prochain.

Je ne suis point la-pirogue-effilée-qui-dérive-sur-l'eau-tranquille,
ni la citrouille-qui-se-trace-un-dessin-sur-le-ventre,
et si je ne suis à même de fabriquer une grande soubique,
je suis toutefois capable d'en faire une petite.
Épi et homme sont ressemblants :
l'un l'autre, à sa façon, produit :
le premier des grains, le second des idées.
Je ne suis pas celui-qui-danse-sans-être-invité,
ni le-célibataire-qui-donne-des-conseils-aux-gens-mariés,
car ne suis pareil à l'aveugle qui voit pour autrui.
Vous n'êtes point sots que l'on sermonne,
vous êtes de noble descendance,
vous êtes les *voara* au feuillage touffu,
les nénuphars parures de l'étang.

Vous êtes les-deux-amours-nées-un-jour-faste,
personne ne s'est occupé de vous.
Vos amours ne sont point larmes-provoquées-par-fumée,
ni raisins-verts-ramollis-par-doigts-d'enfant.
Tenez à l'amour comme à vos propres prunelles.
L'*avoko* fleurira-t-il trois fois dans l'année,
la lune aura-t-elle douze phases dans le mois ?
Que vos amours ne s'en ressentent point.
Doux l'amour lorsqu'il ressemble à du coton :
souple et moelleux et jamais ne se brise.
Eau de la grève :
jamais ne tarit.
Sentier :
fréquentez-le souvent, il paraîtra plus vivant.
Ne soyez pas comme le rocher et le caillou :
l'énorme reste muet, le petit ne grandit.
Les bœufs sauvages se dressent,
mais ne se cache l'amour.
Les patates ne se pilent :
cuites telles quelles, elles sont déjà tendres.
L'amour est la corde humide qui enlace le mariage.
Ainsi, faites comme les arbres d'Ambohimiangara :
fruits éternels, branches souples.
Le conjoint comme le sel :
en grains il n'entame les dents, en poudre il rehausse la viande.

Seriez-vous fatigués ?
Couchez-vous sur le côté.
Seriez-vous ankylosés ?
Mettez-vous au soleil.
Coup de bambou ?
Marchez sous le *ravenala*.
Les pots en terre d'Amboanjobe se cassent au bout d'une semaine,
le mariage, lui, est comme la chair,
la mort seule la sépare de l'os.
Occasions de querelle :
autant que ce sable.
Un conseil :
ne soyez pas comme le petit chien battu par un fou
et qui crie sa douleur à tous les environs :
les scènes de ménage ne se divulguent pas.

Toute chose a sa raison d'être ;
montagne : refuge des brouillards,
vallée : abri des moustiques,
bras d'eau : repaire des caïmans ;
l'homme, lui, est sanctuaire de la raison.
Vous, jeune homme,
ne soyez pas l'homme-réputé-courageux
et qui a peur de passer la nuit tout seul dans le désert.
Désagréable la vie au poulailler :
le coq chante tandis que la poule caquette.
Si la corde est tendue, ne tirez davantage.
Ne suivez pas les conseils de Colère,
sitôt exécutés ils deviennent regrets.
Fruits verts, ne les récoltez pas,
ils vous rendront malades.
L'emportement ne peut porter bien loin ;
les râles s'arrêtent à la hauteur du nez.
Le pire des malheurs :
larmes.
Discorde :
furoncle au front, dépare le visage, douloureux par surcroît.
Ne convoitez pas la coiffure qui sied à la voisine.
Pêche à la nasse :

ne raclez trop profond, vous aurez de la vase ;
désir démesuré vous donnera maladie.
De la sagesse faites un *lumba* :
vous vous en couvrez si vivez,
si mourez, un linceul.

Ne soyez pas comme les chats :
friands de poisson, ils détestent la nage.
Le travail est l'ami des vivants.
Travaillez donc, travaillez,
les pauvres sont des charges pour l'humanité.
Seriez-vous beau, mais besogneux :
parlez, on ne vous écoute,
en chemin vous marcherez derrière les autres.
Car l'enfant qui ne veut travailler :
dans un verger, maraudeur ;
dans la ville, quémandeur ;
à la maison, de trop.
Le travail, mes amis,
seul fait l'homme.
Que la femme toute la journée durant,
au métier s'accroupisse,
que l'homme soit dans les champs du lever au coucher du soleil ;
si procédez ainsi, et que Fortune n'apparaisse,
ne vous désolez point,
le Seigneur-Parfumé vous viendra en aide.

*(Inédit.)*

## *Regrets.*

Six routes
partent du pied de l'arbre-voyageur :
la première conduit au village-de-l'oubli,
la seconde est un cul-de-sac,
la troisième n'est pas la bonne,

la quatrième a vu passer la chère-aimée
mais n'a pas gardé la trace de ses pas,
la cinquième
est pour celui-que-mord-le-regret,
et la dernière...
je ne sais si praticable.

*(Inédit.)*

# TABLE DES MATIÈRES

| | |
|---|---|
| Avant-Propos, par Ch.-A. Julien | VII |
| Orphée Noir, par J.-P. Sartre | IX |
| Introduction, par L. Sédar Senghor | 1 |

## GUYANE

| | |
|---|---|
| Léon-G. Damas | 5 |
| Ils sont venus ce soir | 6 |
| A la mémoire de G. M | 6 |
| Position | 7 |
| En file indienne | 8 |
| Limbe | 8 |
| Rappel | 10 |
| La complainte du nègre | 10 |
| Solde | 11 |
| Pour sûr | 12 |
| Savoir-vivre | 13 |
| Un clochard m'a demandé dix sous | 13 |
| Regard | 14 |
| Hoquet | 15 |
| Nuit blanche | 17 |
| Black Label | 18 |

## MARTINIQUE

| | |
|---|---|
| Gilbert Gratiant | 29 |
| Pou si couri vini | 30 |
| Ti-Manmzell-la | 38 |
| Joseph, lève | 44 |
| Étienne Lero | 49 |
| Fumées | 50 |
| S. O. S. | 50 |
| Sur la prairie | 51 |
| Tourne | 51 |

| | |
|---|---:|
| Loin des vies | 51 |
| Le ciel a ravi | 52 |
| Abandonne | 52 |
| Et les talus | 52 |
| Mets | 53 |
| Châtaignes aux cils | 53 |
| **Aimé Césaire** | **55** |
| Barbare | 56 |
| Cahier d'un retour au pays natal | 57 |
| Avis de tirs | 62 |
| Soleil serpent | 63 |
| Les oubliettes de la mer et du déluge | 63 |
| La femme et le couteau | 65 |
| Et les chiens se taisaient | 66 |
| La pluie | 73 |
| An neuf | 75 |
| Le coup de couteau du soleil dans le dos des villes surprises | 76 |
| Couteaux midi | 77 |
| Ex-voto pour un naufrage | 79 |
| A l'Afrique | 81 |

## GUADELOUPE

| | |
|---|---:|
| **Guy Tirolien** | **85** |
| Prière d'un petit enfant nègre | 86 |
| L'âme du noir pays | 87 |
| Variation sur un thème de souffrance (vécue) | 88 |
| Paroles sans suite | 89 |
| **Paul Niger** | **91** |
| Petit oiseau qui me moquais ou le paternalisme | 92 |
| Je n'aime pas l'Afrique | 93 |
| Lune | 101 |

## HAITI

| | |
|---|---:|
| **Léon Laleau** | **107** |
| Trahison | 108 |
| Silhouette | 108 |
| Sacrifice | 108 |
| Cannibale | 109 |
| Vaudou | 109 |
| **Jacques Roumain** | **111** |
| Madrid | 112 |
| Bois-d'Ébène | 113 |
| L'amour, la mort | 118 |
| Nouveau sermon nègre | 119 |

| | |
|---|---:|
| Jean-F. Brière | 121 |
| Me revoici, Harlem | 122 |
| Quand nous sommes-nous séparés ? | 124 |
| Black Soul | 124 |
| René Belance | 129 |
| Couvercle | 130 |
| Vertige | 130 |

## AFRIQUE NOIRE

| | |
|---|---:|
| Birago Diop | 135 |
| Les Mamelles | 136 |
| Viatique | 143 |
| Souffles | 144 |
| Léopold Sédar Senghor | 147 |
| L'ouragan | 149 |
| Nuit de Sine | 149 |
| Femme noire | 151 |
| A l'appel de la race de Saba | 152 |
| Aux tirailleurs sénégalais morts pour la France | 157 |
| Ndessé | 158 |
| Chant du printemps | 160 |
| 23 (Pour deux flûtes et un tam-tam lointain) | 162 |
| 24 (Pour flûtes et balafong) | 164 |
| 31 (Pour khalam) | 165 |
| 33 (Pour deux trompes et un balafong) | 166 |
| L'Homme et la Bête | 166 |
| Congo | 168 |
| Le Kaya-Magan | 170 |
| David Diop | 173 |
| Celui qui a tout perdu | 174 |
| Le temps du martyre | 174 |
| Un Blanc m'a dit | 175 |
| Souffre, pauvre Nègre | 175 |
| Défi à la force | 176 |

## MADAGASCAR

| | |
|---|---:|
| Jean-Joseph Rabéarivelo | 179 |
| 2 Quel rat invisible | 181 |
| 3 La peau de la vache noire est tendue | 181 |
| 10 Te voilà, debout et nu | 182 |
| 14 Voici celle dont les yeux | 183 |

| | |
|---|---:|
| 17 Le vitrier nègre | 183 |
| 28 Écoute les filles de la pluie | 184 |
| 29 Il est une eau vive | 185 |
| Danses | 185 |
| Flûtistes | 187 |
| Cactus | 188 |
| Ton œuvre | 189 |
| Vieilles chansons des pays d'Imérina | 190 |
| Jacques RABÉMANANJARA | 193 |
| Lyre à sept cordes | 195 |
| Chant XXII | 204 |
| Flavien RANAIVO | 207 |
| Vulgaire chanson d'amant | 208 |
| Chanson de jeune femme | 209 |
| Chercheuse d'eau | 210 |
| Épithalame | 213 |
| Regrets | 216 |

# TABLE ALPHABÉTIQUE
# DES TITRES ET DES INCIPIT [1]

| | |
|---|---:|
| *Abandonne aux dentitions...* (LERO) | 52 |
| *Accoudés au désir de la veille...* (DAMAS) | 6 |
| A l'Afrique (CÉSAIRE) | 81 |
| A la mémoire de G. M. (DAMAS) | 6 |
| A l'appel de la race de Saba (SENGHOR) | 152 |
| An neuf (CÉSAIRE) | 75 |
| *Après que j'eus par le fer...* (CÉSAIRE) | 73 |
| Aux tirailleurs sénégalais morts pour la France (SENGHOR) | 157 |
| *Avec ton éveil à la joie...* (BELANCE) | 131 |
| Avis de tirs (CÉSAIRE) | 62 |
| | |
| Barbare (CÉSAIRE) | 56 |
| Black Label (DAMAS) | 18 |
| Black Soul (BRIÈRE) | 124 |
| *Bleu, si bleu cet œil du ciel...* (RABÉMANANJARA) | 204 |
| Bois-d'Ébène (ROUMAIN) | 113 |
| | |
| Cactus (RABÉARIVELO) | 188 |
| Cahier d'un retour au pays natal (CÉSAIRE) | 57 |
| Cannibale (LALEAU) | 109 |
| *Ce désir sauvage, certain jour...* (LALEAU) | 109 |
| *Ce cœur obsédant...* (LALEAU) | 108 |
| Celui qui a tout perdu (D. DIOP) | 174 |
| *C'est le mot qui me soutient...* (CÉSAIRE) | 56 |
| *Cette multitude de mains fondues...* (RABÉARIVELO) | 188 |
| *Cette ride sinistre de la sierra...* (ROUMAIN) | 112 |
| *Ceux qui n'ont inventé...* (CÉSAIRE) | 57 |
| *Chair riche aux dents copeaux de chair sûre...* (CÉSAIRE) | 65 |
| Chanson de jeune femme (RANAIVO) | 209 |
| Chant du printemps (SENGHOR) | 160 |
| Chant XXII (RABÉMANANJARA) | 204 |
| *Châtaignes aux cils du courant...* (LERO) | 53 |

1. Les titres sont en romain, les incipit en italique, les noms d'auteurs en petites capitales.

| | |
|---|---:|
| Chercheuse d'eau (RANAIVO) | 210 |
| *Chuchotement de trois valiha...* (RABÉARIVELO) | 185 |
| *Colombe est-elle celle...* (RANAIVO) | 210 |
| Congo (SENGHOR) | 168 |
| Couteaux midi (CÉSAIRE) | 77 |
| Couvercle (BELANCE) | 130 |
| | |
| Danses (RABÉARIVELO) | 185 |
| *Dans un des trois canaris...* (B. DIOP) | 143 |
| Debout ! Joseph (GRATIANT) | 45 |
| Défi à la force (D. DIOP) | 176 |
| *Déjà petite fille...* (GRATIANT) | 39 |
| *Dépi man ti-manmaill...* (GRATIANT) | 38 |
| *Des chants d'oiseaux montent...* (SENGHOR) | 160 |
| | |
| *Écoute les filles de la pluie...* (RABÉARIVELO) | 185 |
| *Écoute plus souvent...* (B. DIOP) | 144 |
| *Écoutez les abois balles des chiens...* (SENGHOR) | 166 |
| En file indienne (DAMAS) | 8 |
| *Entre les feuillets de mon livre...* (TIROLIEN) | 88 |
| Épithalame (RANAIVO) | 213 |
| *Est-ce ivresse déjà...* (TIROLIEN) | 89 |
| *Est-ce qu'il ne faudrait pas rassembler...* (BELANCE) | 130 |
| *Estella, Noélise, Ti-Mano...* (GRATIANT) | 30 |
| *Était-ce une nuit maghrébine...* (SENGHOR) | 162 |
| *Et j'ai beau avaler...* (DAMAS) | 15 |
| *Et je vis un premier animal...* (CÉSAIRE) | 76 |
| Et les chiens se taisaient (CÉSAIRE) | 66 |
| *Et les sabots...* (DAMAS) | 8 |
| *Et les talus de chair...* (LERO) | 52 |
| Ex-voto pour un naufrage (CÉSAIRE) | 79 |
| | |
| Femme noire (SENGHOR) | 151 |
| *Femme nue, femme noire...* (SENGHOR) | 151 |
| *Femme pose, sur mon front...* (SENGHOR) | 149 |
| *Femme, prends garde...* (CÉSAIRE) | 66 |
| Flûtistes (RABÉARIVELO) | 187 |
| *Frère Noir, me voici...* (BRIÈRE) | 123 |
| Fumées (LERO) | 50 |
| | |
| *Hélé helélé le Roi est un grand roi...* (CÉSAIRE) | 79 |
| Hoquet (DAMAS) | 15 |
| | |
| *Il est des choses dont j'ai pu...* (DAMAS) | 10 |
| *Il est parti ce jour...* (LERO) | 50 |
| *Il est une eau vive...* (RABÉARIVELO) | 185 |
| *Ils me l'ont rendue la vie...* (DAMAS) | 10 |
| *Ils ont craché à Sa Face...* (ROUMAIN) | 119 |

## TABLE DES MATIÈRES

*Ils sont venus ce soir...* (DAMAS) .............................. 6
*Indigotier qui fleuris...* (RABÉARIVELO) ...................... 191

*J'ai l'impression d'être ridicule...* (DAMAS) .................... 11
*J'aime ce pays, disait-il...* (NIGER) ........................... 93
*Je n'aime pas l'Afrique* (NIGER) ................................ 93
*Je te nomme Soir...* (SENGHOR) .................................. 166
*Je vous ai rencontré dans les ascenseurs...* (BRIÈRE) ........... 124
*Joseph, lève* (GRATIANT) ........................................ 44
*Joseph, mi an chapeau...* (GRATIANT) ............................ 44
*Joseph, voici un chapeau...* (GRATIANT) ......................... 45
*Jour, ô jour de New-York...* (CÉSAIRE) .......................... 63

Kaya Magan je suis !... (SENGHOR) ................................ 170

La complainte du nègre (DAMAS) ................................... 10
*La dame qui vient de Rotterdam...* (LALEAU) ..................... 108
La femme et le couteau (CÉSAIRE) ................................. 65
L'âme du noir pays (TIROLIEN) .................................... 87
L'amour, la mort (ROUMAIN) ....................................... 118
*L'amour, ô mon parent, a le parfum de la forêt...* (RABÉARIVELO) . 190
*La peau de la vache noire...* (RABÉARIVELO) ..................... 181
La petite demoiselle (GRATIANT) .................................. 39
La pluie (CÉSAIRE) ............................................... 73
*Le Blanc a tué mon père...* (D. DIOP) ........................... 174
*Le ciel a ravi...* (LERO) ....................................... 52
Le coup de couteau du soleil dans le dos des villes surprises (CÉSAIRE) 76
Le Kaya-Magan (SENGHOR) .......................................... 170
*Le mulet de mes paupières...* (CÉSAIRE) ......................... 62
*Les hommes ont taillé dans leurs tourments...* (CÉSAIRE) ........ 75
*Les jours mêmes ont pris la forme...* (DAMAS) ................... 7
Les Mamelles (B. DIOP) ........................................... 136
*Le soleil brillait dans ma case...* (D. DIOP) ................... 174
Les oubliettes de la mer et du déluge (CÉSAIRE) .................. 63
Le temps du martyre (D. DIOP) .................................... 172
*Le vitrier nègre...* (RABÉARIVELO) .............................. 183
L'Homme et la Bête (SENGHOR) ..................................... 166
Limbe (DAMAS) .................................................... 8
*Loin des vies quadrillées...* (LERO) ............................ 51
L'ouragan (SENGHOR) .............................................. 149
*L'ouragan arrache tout autour de moi...* (SENGHOR) .............. 149
Lune (NIGER) ..................................................... 101
Lyre à sept cordes (RABÉMANANJARA) ............................... 195

Madrid (ROUMAIN) ................................................. 112
*Mère on m'écrit que tu blanchis...* (SENGHOR) ................... 158
*Mère, sois bénie !...* (SENGHOR) ................................ 152
Me revoici, Harlem (BRIÈRE) ...................................... 123

| | |
|---|---:|
| *Mes amis j'ai valsé...* (DAMAS) | 17 |
| *Mets sous la chaise...* (LERO) | 53 |
| *Moi aussi un beau jour...* (DAMAS) | 13 |
| | |
| Ndessé (SENGHOR) | 158 |
| *Ne m'aimez pas, ma parente...* (RANAIVO) | 208 |
| *Nos lambes à nous, ô Bien-aimé...* (RABÉARIVELO) | 190 |
| Nouveau sermon nègre (ROUMAIN) | 119 |
| Nuit blanche (DAMAS) | 17 |
| Nuit de Sine (SENGHOR) | 149 |
| | |
| *Oho ! Congo oho !...* (SENGHOR) | 168 |
| *On ne bâille pas chez moi...* (DAMAS) | 13 |
| | |
| Paroles sans suite (TIROLIEN) | 89 |
| *Paysan frappe le sol de ta daba...* (CÉSAIRE) | 81 |
| *Petit oiseau qui me moquais* (NIGER) | 92 |
| *Petit oiseau qui m'enchantes...* (NIGER) | 92 |
| *Pleutre...* (RANAIVO) | 209 |
| Position (DAMAS) | 7 |
| *Pourquoi fuir sur les voiliers migrateurs ?...* (SENGHOR) | 164 |
| *Pour son désespoir...* (ROUMAIN) | 118 |
| *Pour sûr j'en aurai...* (DAMAS) | 12 |
| Pou si couri vini (GRATIANT) | 30 |
| Prière d'un petit enfant nègre (TIROLIEN) | 86 |
| | |
| *Quand la mémoire va ramasser du bois mort...* (B. DIOP) | 136 |
| *Quand les Nègres font la Révolution...* (CÉSAIRE) | 77 |
| *Quand nous sommes-nous séparés ?...* (BRIÈRE) | 124 |
| *Quand sur le tard mes yeux...* (DAMAS) | 14 |
| *Que dirai-je aux princes confédérés ?...* (SENGHOR) | 165 |
| *Que le soir meure sur la ville...* (LERO) | 50 |
| *Quel rat invisible...* (RABÉARIVELO) | 181 |
| *Qui est là, au nord du foyer ?...* (RABÉARIVELO) | 191 |
| | |
| Rappel (DAMAS) | 10 |
| Regard (DAMAS) | 14 |
| Regrets (RANAIVO) | 216 |
| *Rendez-les-moi, mes poupées noires...* (DAMAS) | 8 |
| *Rendez, rendez hommage...* (RABÉARIVELO) | 191 |
| | |
| Sacrifice (LALEAU) | 108 |
| Savoir-vivre (DAMAS) | 13 |
| *Seigneur, je suis très fatigué...* (TIROLIEN) | 86 |
| *Si j'étais fourmi je ramperais...* (RABÉARIVELO) | 191 |
| *Si l'été est pluvieux et morne...* (ROUMAIN) | 113 |
| Silhouette (LALEAU) | 108 |
| S'il nous fallait courir (GRATIANT) | 31 |

| | |
|---|---:|
| *Six routes...* (RANAIVO) | 216 |
| Solde (DAMAS) | 11 |
| *Soleil serpent œil fascinant mon œil...* (CÉSAIRE) | 63 |
| S.O.S. (LERO) | 50 |
| Souffles (B. DIOP) | 144 |
| *Souffre, pauvre Nègre !...* (D. DIOP) | 175 |
| *Sous le ciel, le tambour conique se lamente...* (LALEAU) | 108 |
| *Sur la paume des papayers...* (NIGER) | 101 |
| *Sur la prairie...* (LERO) | 51 |
| | |
| *Ta flûte, tu l'as taillée...* (RABÉARIVELO) | 187 |
| *Tes seins de satin noir...* (TIROLIEN) | 87 |
| *Te voilà, debout et nu...* (RABÉARIVELO) | 182 |
| Ti-Manmzell-la (GRATIANT) | 38 |
| *Toi qui plies, toi qui pleures...* (D. DIOP) | 176 |
| *Ton œuvre* (RABÉARIVELO) | 189 |
| *Ton visage que le temps rida...* (LALEAU) | 109 |
| *Tourne toujours...* (LERO) | 51 |
| Trahison (LALEAU) | 108 |
| *Tu étais au Bar...* (DAMAS) | 18 |
| *Tu me suivras, sœur pâle...* (RABÉMANANJARA) | 193 |
| *Tu n'as fait qu'écouter...* (RABÉARIVELO) | 189 |
| *Tu n'es qu'un nègre !...* (D. DIOP) | 175 |
| | |
| *Un Blanc m'a dit...* (D. DIOP) | 175 |
| *Un clochard m'a demandé dix sous* (DAMAS) | 13 |
| *Un petit mot, Monsieur...* (RANAIVO) | 213 |
| | |
| Variation sur un thème de souffrance (vécue) (TIROLIEN) | 88 |
| Vaudou (LALEAU) | 109 |
| Vertige (BELANCE) | 130 |
| Viatique (B. DIOP) | 143 |
| Vieilles chansons des pays d'Imerina (RABÉARIVELO) | 190 |
| *Voici celle dont les yeux...* (RABÉARIVELO) | 183 |
| *Voici le Soleil...* (SENGHOR) | 157 |
| Vulgaire chanson d'amant (RANAIVO) | 209 |

Imprimé en France
Imprimerie des Presses Universitaires de France
73, avenue Ronsard, 41100 Vendôme
Juillet 1998 — N° 45 365